10-Minuten-Gewohnheiten für tägliche Konzentration

Einfache, zeitsparende Techniken zur Verbesserung der Konzentration, Steigerung der Produktivität und Schaffung dauerhafter positiver Gewohnheiten in nur 10 Minuten pro Tag

Noora S.

Minki Books Publishing

© 2024 Noora S.

Alle Rechte vorbehalten.

Kein Teil dieses Buches darf in irgendeiner Form ohne schriftliche Genehmigung des Herausgebers oder des Autors vervielfältigt werden, es sei denn, dies ist nach dem US-Urheberrechtsgesetz zulässig.

Diese Publikation soll genaue und verbindliche Informationen zu den behandelten Themen liefern. Sie wird unter der Voraussetzung verkauft, dass weder der Autor noch der Herausgeber Rechts-, Investitions-, Buchhaltungs- oder andere professionelle Dienstleistungen erbringt. Der Herausgeber und der Autor haben sich bei der Erstellung dieses Buches nach bestem Wissen und Gewissen bemüht, geben jedoch keine Zusicherungen oder Garantien in Bezug auf die Richtigkeit oder Vollständigkeit des Inhalts dieses Buches und lehnen insbesondere jegliche stillschweigende Garantie der Marktgängigkeit oder Eignung für einen bestimmten Zweck ab. Es kann keine Garantie durch Handelsvertreter oder schriftliche Verkaufsunterlagen geschaffen oder erweitert werden. Die hierin enthaltenen Ratschläge und Strategien sind möglicherweise nicht für Ihre Situation geeignet. Sie sollten gegebenenfalls einen Fachmann zu Rate ziehen. Weder der Herausgeber noch der Autor haften für entgangenen Gewinn oder andere kommerzielle Schäden, einschließlich, aber nicht beschränkt auf besondere, zufällige, persönliche oder andere Schäden.

Contents

Persönliche Anmerkung: Bevor Sie beginnen	IV
Einführung	VI
1. Konzentration und Produktivität verstehen	1
2. Das Fundament legen	7
3. Morgengewohnheiten, die Ihren Tag ankurbeln	12
4. Gewohnheiten am Mittag, um den Schwung beizubehalten	18
5. Abendliche Gewohnheiten zum Entspannen	24
6. Widerstandsfähigkeit durch Gewohnheiten aufbauen	31
7. Soziale Gewohnheiten für mehr Konzentration	38
8. Digitale Gewohnheiten für einen fokussierten Geist	49
9. Passen Sie Ihre 10-Minuten-Gewohnheiten an	61
10. Langfristige Ausrichtung und Produktivität aufrechterhalten	72
11. Schlussfolgerung	82
12. Anhänge	89

Persönliche Anmerkung: Bevor Sie beginnen

BEVOR WIR UNS MIT den Strategien und Praktiken befassen, die ich in diesem Buch vorstelle, möchte ich mit Ihnen von Herz zu Herz sprechen, von einem normalen Menschen zum anderen. Was Sie auf diesen Seiten entdecken werden, ist nicht die Arbeit eines Psychologen, eines Neurowissenschaftlers oder eines professionellen Produktivitätscoaches. Ich bin kein Experte für menschliches Verhalten oder Produktivität nach offiziellen Maßstäben. Ich bin ein neugieriger, entschlossener Mensch, der jahrelang experimentiert, gestolpert ist und sich langsam bessere Gewohnheiten angewöhnt hat, um ein konzentrierteres und erfüllteres Leben zu führen.

Die Ideen und Praktiken in diesem Buch sind sehr persönlich. Sie sind aus meinen eigenen Erfahrungen entstanden - was für mich funktioniert hat, was nicht, und die Lektionen, die ich auf meinem Weg gelernt habe. Sie sind geprägt von den Momenten, in denen ich mich völlig zerstreut und überwältigt fühlte, und von den kleinen Erfolgen, die mir Hoffnung und Schwung gaben. Ich habe meine Erkenntnisse mit Forschungsergebnissen und Studien gepaart, die mit meinem Weg übereinstimmen. Aber es ist wichtig, sich daran zu erinnern, dass meine Perspektive letztlich meine eigene ist.

Dieses Buch ist keine Einheitslösung und erhebt auch nicht den Anspruch, eine zu sein. Wir alle führen ein unterschiedliches Leben mit einzigartigen Herausforderungen, Prioritäten und Rhythmen. Was für mich funktioniert, funktioniert vielleicht nicht für Sie, und das ist völlig in Ordnung. Wenn Sie eine der Gewohnheiten ausprobieren, die sich nicht richtig anfühlt, möchte ich Sie ermutigen, sie zu verändern, anzupassen oder sogar aufzugeben. Ich hoffe, diese Ideen inspirieren dich und bieten dir eine Grundlage, um Gewohnheiten zu schaffen, die zu deinem Leben passen.

Es ist mir auch wichtig klarzustellen, dass dieses Buch kein Ersatz für eine professionelle Beratung ist. Angenommen, Sie haben mit erheblichem Stress, psychischen Problemen oder anderen persönlichen Hürden zu kämpfen. In diesem Fall empfehle ich Ihnen dringend, sich von einem qualifizierten Fachmann beraten zu lassen. Die Praktiken, die ich hier vorstelle, sind meiner Erfahrung nach hilfreich. Sie sind jedoch kein Ersatz für medizinische oder psychologische Fachkenntnisse.

Im Grunde ist dieses Buch eine Sammlung von Geschichten, Überlegungen und Strategien von jemandem, der weiß, wie es sich anfühlt, abgelenkt, überwältigt und festgefahren zu sein. Wie Sie habe ich es als jemand geschrieben, der immer noch lernt, wächst und alles herausfindet. Wenn Sie sich auf diesen Seiten wiederfinden, hoffe ich, dass Sie sich ermutigt fühlen. Wenn Sie sich in etwas nicht wiedererkennen, ist das auch in Ordnung. Nehmen Sie, was sich wertvoll anfühlt, und lassen Sie den Rest liegen.

Wir alle navigieren durch das Leben, so gut wir können, und ich glaube, es liegt eine Kraft darin, unsere unvollkommenen Reisen zu teilen. Deshalb habe ich dieses Buch geschrieben - nicht als Experte, sondern als Mitreisender auf dem Weg zu mehr Konzentration, Produktivität und Ausgeglichenheit. Danke, dass Sie mir die Möglichkeit geben, meine Geschichte mit Ihnen zu teilen. Lassen Sie uns beginnen.

Einführung

Die Macht kleiner Gewohnheiten

IN DEN RUHIGEN MOMENTEN meines Alltags habe ich oft über die tiefgreifende Wirkung kleiner, beständiger Handlungen nachgedacht. Bei diesen Überlegungen entdeckte ich die transformative Kraft von Mikrogewohnheiten – diese scheinbar unbedeutenden Routinen, die, wenn sie regelmäßig praktiziert werden, im Laufe der Zeit zu bedeutenden Veränderungen führen können.

Denken Sie nur an den einfachen Akt, nach dem Aufwachen ein Glas Wasser zu trinken. Diese kleine Gewohnheit kurbelt den Stoffwechsel an und gibt dem Tag eine positive Note. Ebenso kann das morgendliche Meditieren von nur zehn Minuten die Konzentration fördern und Stress reduzieren, was sich positiv auf das allgemeine Wohlbefinden auswirkt. Zu den weiteren Mikrogewohnheiten gehören ein kurzer Spaziergang nach dem Essen, das Praktizieren von Dankbarkeit vor dem Schlafengehen oder das Einplanen einiger Minuten für Atemübungen während des Tages.

Die Forschung bestätigt die Wirksamkeit dieser kurzen, regelmäßigen Übungen. Studien haben gezeigt, dass bereits 15 Minuten tägliches Gehen die Lebenserwartung um bis zu drei Jahre erhöhen kann.

Darüber hinaus kann eine 20-minütige Bewegung mit geringer Intensität das wahrgenommene Energieniveau um 20 % steigern und das Müdigkeitsgefühl um 65 % verringern.

Das Schöne an Mikrogewohnheiten ist ihre Einfachheit und Zugänglichkeit. Sie erfordern weder viel Zeit noch Ressourcen und lassen sich selbst in den vollsten Terminkalender leicht integrieren. Das bedeutet, dass auch Sie Ihre Reise der persönlichen Transformation antreten können. Wenn Sie sich auf kleine, machbare Aktionen konzentrieren, können Sie Schwung aufbauen und schließlich größere Ziele erreichen.

Es ist jedoch wichtig zu beachten, dass es Arbeit kosten kann, diese Gewohnheiten in Ihre Routine zu integrieren. Es kann Tage geben, an denen Sie sich unmotiviert fühlen oder die Anforderungen des Lebens überwältigend erscheinen. Es ist jedoch in Ordnung, klein anzufangen und in Ihrem eigenen Tempo voranzukommen. Der Schlüssel ist, konsequent zu bleiben und nicht aufzugeben. Ich begann meine Reise, indem ich ein paar Mikrogewohnheiten in meine tägliche Routine einführte. Ich begann mit einer kurzen morgendlichen Dehnung und einer zehnminütigen Sitzung zum Tagebuchschreiben, um meine Absichten für den Tag festzulegen. Diese kleinen Veränderungen verbesserten meine körperliche Gesundheit, geistige Klarheit und emotionale Belastbarkeit.

Mit der Zeit wurden diese Mikrogewohnheiten zu einem festen Bestandteil meines Alltags und führten zu größeren Veränderungen. Ich war konzentrierter, produktiver und zufriedener. Die kumulative Wirkung dieser kleinen Maßnahmen war weitaus bedeutender, als ich ursprünglich erwartet hatte. Diese Erkenntnis kann Ihnen auf Ihrem Weg der persönlichen Entwicklung ein Gefühl der Hoffnung und des Optimismus vermitteln.

Das Konzept der Mikrogewohnheiten wurde bereits vorgestellt. Viele erfolgreiche Menschen führen ihre Erfolge auf die konsequente Anwendung kleiner, positiver Gewohnheiten zurück. Indem wir größere Ziele in überschaubare Schritte unterteilen, können wir die Trägheit überwinden, die Veränderungen oft begleitet, und uns unseren Zielen stetig nähern.

In diesem Buch möchte ich die Erkenntnisse und Strategien teilen, die mir geholfen haben, die Kraft der Mikrogewohnheiten zu nutzen. Durch praktische Ratschläge und Beispiele aus dem echten Leben hoffe ich, Sie dazu zu inspirieren, sich auf Ihre Transformationsreise zu begeben, einen kleinen Schritt nach dem anderen.

Denken Sie daran, dass kleine, konsequente Handlungen zu bedeutenden Veränderungen führen. Indem Sie Mikrogewohnheiten annehmen, können Sie eine Grundlage für eine dauerhafte positive Transformation schaffen. Dieses Potenzial für erhebliche Veränderungen kann eine starke Quelle der Motivation und Inspiration für Ihre persönliche Entwicklung sein.

Warum Fokus wichtig ist

In der heutigen schnelllebigen Welt ist die Fähigkeit, sich zu konzentrieren, zu einem kostbaren Gut geworden. Beim Fokus geht es nicht nur darum, Dinge zu erledigen; es geht darum, sich voll und ganz auf Aufgaben zu konzentrieren, was zu einem tiefen Gefühl der Erfüllung und persönlichen Zufriedenheit führt, das uns inspirieren und motivieren kann.

Wenn ich an meine eigenen Erfahrungen zurückdenke, erinnere ich mich daran, dass ich früher, als meine Tage noch ein Wirbelsturm von Aktivitäten waren, mich dennoch unerfüllt fühlte. Obwohl ich ständig beschäftigt war, machte ich keine nennenswerten Fortschritte in Richtung meiner Ziele. Es wurde deutlich, dass es um etwas anderes ging als die Arbeitsmenge, nämlich um die Qualität meiner Konzentration. Diese Erkenntnis ermutigte mich, die Kontrolle über meine Produktivität zu übernehmen.

Konzentration ist der Grundstein für Produktivität. Wenn wir uns auf eine einzige Aufgabe konzentrieren, sind wir voll und ganz bei der Sache, was zu einer höheren Arbeitsqualität und einer effizienteren Nutzung der Zeit führt. Dieses tiefe Engagement, das oft als „Flow" bezeichnet wird, ist ein Zustand, in dem wir völlig in unsere Arbeit vertieft sind, das Zeitgefühl verlieren und ein Gefühl der Kontrolle und Beherrschung erleben. Es ist ein Zustand höchster Produktivität und persönlicher Zufriedenheit, der nur durch anhaltende Konzentration erreicht werden kann.

Die Aufrechterhaltung der Konzentration ist jedoch mit Herausforderungen verbunden. Im heutigen digitalen Zeitalter sind Ablenkungen allgegenwärtig. Die ständige Flut von Benachrichtigungen, E-Mails und Social-Media-Updates kann unsere Aufmerksamkeit zerstreuen und es erschweren, sich auf eine einzige Aufgabe zu konzentrieren. Darüber hinaus kann die moderne Arbeitsumgebung, die oft offene Bürostrukturen, Telearbeit und kollaborative Tools umfasst, das Multitasking fördern. Dies kann entgegen der landläufigen Meinung die Effizienz verringern und die Fehlerquote erhöhen.

Eine weitere große Herausforderung ist die geistige Ermüdung. Eine kontinuierliche Konzentration ohne ausreichende Pausen kann zu Burnout führen und die Produktivität und das Wohlbefinden beeinträchtigen. Es ist wichtig, die Anzeichen geistiger Erschöpfung zu erkennen und Strategien zur Erholung des Geistes umzusetzen. Diese Praxis zeigt, dass wir uns um unser Wohlbefinden und unsere Produktivität kümmern.

Um diese Herausforderungen zu meistern, ist es wichtig, Gewohnheiten zu entwickeln, die die Konzentration fördern. Dazu gehört, sich klare Ziele zu setzen, eine förderliche Arbeitsumgebung zu schaffen und Achtsamkeit zu praktizieren. Durch die Umsetzung kleiner, konsequenter Praktiken können wir unseren Geist trainieren, um uns besser zu konzentrieren, die Produktivität zu steigern und ein größeres Gefühl der persönlichen Erfüllung zu erreichen.

Wie man dieses Buch verwendet

Der Versuch, die Konzentration und Produktivität zu steigern, kann aufregend und beängstigend zugleich sein. Dieses Buch soll Ihnen als Begleiter dienen und praktische, zeiteffiziente Strategien bieten, die Sie in Ihren Alltag integrieren können. Zum Beispiel eine 10-minütige Morgenmeditation oder eine 10-minütige digitale Entgiftung am Abend. Wenn Sie die Struktur des Buches verstehen und wissen, wie Sie diese 10-minütigen Gewohnheiten effektiv umsetzen können, sind Sie in der Lage, sinnvolle Veränderungen vorzunehmen, ohne Ihren Zeitplan zu überlasten.

Überblick über die Struktur des Buches

Das Buch ist sorgfältig in zehn Kapitel unterteilt, die sich auf Fokus und Produktivität konzentrieren. Dieser strukturierte Ansatz ist zwar umfassend, bietet Ihnen aber auch die Flexibilität, den Inhalt nach Ihren unmittelbaren Bedürfnissen zu steuern, sodass Sie Ihre Lernreise selbst in die Hand nehmen können.

Kapitel 1: Fokus und Produktivität verstehen untersucht die Wissenschaft hinter Aufmerksamkeit und Konzentration. Es räumt mit gängigen Produktivitätsmythen auf und untersucht, wie Gewohnheiten gebildet und aufrechterhalten werden, und versteht die Mechanismen, die unser tägliches Leben beeinflussen, umfassend.

In **Kapitel 2: Die Grundlage schaffen** führen wir Sie durch die Bewertung Ihrer aktuellen Konzentrationsfähigkeit, die Definition klarer Ziele und die Schaffung einer konzentrationsfördernden Umgebung. Diese grundlegenden Schritte sind für die Umsetzung effektiver Gewohnheiten von entscheidender Bedeutung.

Kapitel 3: Morgengewohnheiten für einen guten Start in den Tag stellt Praktiken vor, mit denen Sie Ihren Tag mit Klarheit und Energie beginnen können. Von achtsamen Routinen über körperliche Aktivitäten bis hin zur Ernährung Ihres Körpers sind diese Gewohnheiten darauf ausgelegt, einen positiven Ton für den kommenden Tag zu setzen.

Kapitel 4: Mittagsgewohnheiten zur Aufrechterhaltung des Schwungs konzentriert sich auf die Aufrechterhaltung des Schwungs. Hier untersuchen wir effektive Pausentechniken, Achtsamkeitspraktiken und Ernährungsbooster, um Energie und Konzentration den ganzen Tag über aufrechtzuerhalten.

Kapitel 5, Abendgewohnheiten zum Entspannen, bietet Strategien zur Reflexion und Entspannung, wenn der Tag zu Ende geht. Das Führen eines reflektierenden Tagebuchs, digitale Entgiftungen und Entspannungstechniken können die Qualität Ihrer Ruhe verbessern und Sie auf den nächsten Tag vorbereiten.

Kapitel 6: Resilienz durch Gewohnheiten aufbauen unterstreicht die Bedeutung von Resilienz für die Aufrechterhaltung der Konzentration. Wir besprechen die Annahme von Herausforderungen, den Umgang mit Stress und die Kultivierung von Geduld und Ausdauer als entscheidende Komponenten eines fokussierten und produktiven Lebens und versichern Ihnen, dass Rückschläge Teil des Weges sind.

In Anerkennung der Auswirkungen sozialer Interaktionen bietet **Kapitel 7: Soziale Gewohnheiten für mehr Konzentration** Einblicke in effektive Kommunikation, Networking und den Ausgleich sozialer Interaktionen, um Ihre Konzentrationsziele zu unterstützen und ein Gefühl der Verbundenheit und Gemeinschaft auf Ihrem Weg zu fördern.

Im digitalen Zeitalter befasst sich **Kapitel 8: Digitale Gewohnheiten für einen fokussierten Geist** mit dem Umgang mit digitalen Ablenkungen, der Organisation digitaler Räume und dem achtsamen Umgang mit Technologie, um Ihre Aufmerksamkeit zu schützen.

Kapitel 9: Anpassen Ihrer 10-Minuten-Gewohnheiten befähigt Sie, die Gewohnheiten so zu personalisieren, dass sie mit Ihren Zielen und Ihrem Lebensstil übereinstimmen. Wir bieten Ihnen eine Anleitung zur Fortschrittsverfolgung und zur Überwindung gängiger Hindernisse bei der Gewohnheitsbildung.

Schließlich bietet **Kapitel 10, „Langfristige Konzentration und Produktivität aufrechterhalten"**, Strategien zur Überprüfung und Reflexion Ihrer Fortschritte, zum kontinuierlichen Lernen und zur Aufrechterhaltung des Gleichgewichts, um dauerhaften Erfolg zu gewährleisten.

Die **Schlussfolgerung** unterstreicht die Bedeutung kleiner, konsequenter Maßnahmen und ermutigt Sie, das Buch als Ressource erneut zu lesen. Die **Anhänge** bieten zusätzliche Ressourcen und Kurzanleitungen, die Sie auf Ihrem Weg unterstützen.

Tipps zur effektiven Umsetzung der 10-Minuten-Gewohnheiten

Die Integration neuer Gewohnheiten in Ihren Alltag kann eine Herausforderung darstellen, aber wenn Sie sich auf kleine, überschaubare Maßnahmen konzentrieren, können sich im Laufe der Zeit erhebliche Veränderungen ergeben. Hier sind einige Strategien, die Ihnen helfen, die 10-Minuten-Gewohnheiten effektiv umzusetzen:

1. **Fangen Sie klein an und bleiben Sie konsequent**: Beginnen Sie mit einer oder zwei Gewohnheiten, die Ihnen zusagen. Beständigkeit ist wichtiger als Intensität. Wenn

Sie beispielsweise Achtsamkeit üben, widmen Sie dieser Praxis jeden Morgen nur zehn Minuten. Mit der Zeit kann dieses kleine Engagement zu tiefgreifenden Verbesserungen der Konzentration und des Wohlbefindens führen.

2. **Setzen Sie sich klare Ziele**: Verstehen Sie, warum Sie jede Gewohnheit annehmen. Die Verbindung der Gewohnheit mit einem persönlichen Ziel oder Wert erhöht die Motivation. Wenn Ihr Ziel beispielsweise darin besteht, die Produktivität bei der Arbeit zu steigern, kann die Einführung einer 10-minütigen Planungssitzung jeden Morgen dabei helfen, Aufgaben effektiv zu priorisieren.

3. **Schaffen Sie ein unterstützendes Umfeld**: Passen Sie Ihre Umgebung an, um Ihre neuen Gewohnheiten zu unterstützen. Erwägen Sie, während der Arbeitszeit App- und Website-Blocker einzurichten, um digitale Ablenkungen zu reduzieren. Auch ein aufgeräumter Arbeitsplatz kann Ablenkungen minimieren und die Konzentration fördern.

4. **Verwenden Sie Erinnerungen und Auslöser**: Verbinden Sie Ihre neue Gewohnheit mit einer bestehenden Routine oder verwenden Sie Erinnerungen, um das Verhalten zu fördern. Sie können beispielsweise Atemübungen durchführen, wenn Sie an Ihrem Schreibtisch sitzen.

5. **Verfolgen Sie Ihre Fortschritte**: Führen Sie ein Tagebuch oder verwenden Sie eine App zur Gewohnheitsverfolgung, um die Beständigkeit zu überwachen. Die Reflexion über Ihre Fortschritte kann motivierend wirken und Ihnen zeigen, was am besten funktioniert.

6. **Seien Sie geduldig und nachsichtig mit sich selbst**: Machen Sie sich bewusst, dass es Zeit braucht, um neue Gewohnheiten zu entwickeln. Lassen Sie sich nicht entmutigen, wenn Sie einen Tag aussetzen. Nehmen Sie den Rückschlag zur Kenntnis und nehmen Sie sich am nächsten Tag erneut vor, Ihre Gewohnheit zu praktizieren.

7. **Feiern Sie kleine Erfolge**: Erkennen und feiern Sie Ihre Fortschritte, egal wie klein sie auch sein mögen. Das Feiern von Erfolgen bestärkt positives Verhalten und ermutigt zu weiteren Anstrengungen.

Wenn Sie diese 10-Minuten-Gewohnheiten mit Absicht und Beständigkeit angehen, können Sie allmählich eine Routine aufbauen, die Ihre Konzentration und Produktivität steigert. Denken Sie daran, das Ziel ist Fortschritt, nicht Perfektion. Jeder kleine Schritt, den Sie machen, bringt Sie einem fokussierteren und erfüllteren Leben näher.

Chapter 1
Konzentration und Produktivität verstehen

Die Wissenschaft hinter der Konzentration

IN UNSERER SCHNELLLEBIGEN, VON Ablenkungen geprägten Welt ist es für die Steigerung der Produktivität und das Erreichen persönlicher Erfüllung unerlässlich, die Wissenschaft hinter der Konzentration zu verstehen. Konzentration, die Fähigkeit, unsere Aufmerksamkeit auf eine bestimmte Aufgabe oder ein bestimmtes Ziel zu richten, ist ein komplexes Zusammenspiel von neurologischen Prozessen, Umweltfaktoren, Denkweise und allgemeiner Gesundheit.

Neurowissenschaft der Aufmerksamkeit und Konzentration

Das komplexe Netzwerk aus Neuronen und Neurotransmittern im Gehirn, insbesondere der präfrontale Cortex, ist die Grundlage unserer Konzentrationsfähigkeit. Diese Region im vorderen Teil des Gehirns spielt eine entscheidende Rolle bei exekutiven Funktionen, einschließlich Aufmerksamkeitssteuerung, Entscheidungsfindung und Problemlösung. Sie fungiert als Dirigent, der verschiedene kognitive Prozesse koordiniert, um die Konzentration auf eine bestimmte Aufgabe aufrechtzuerhalten.

Eine weitere wichtige Komponente im Fokussystem unseres Gehirns ist der anteriore cinguläre Cortex (ACC). Diese Region überwacht die Leistung und erkennt Fehler, sodass wir unseren Fokus anpassen können. Der ACC arbeitet harmonisch mit dem präfrontalen Cortex zusammen, reguliert die Aufmerksamkeit und sorgt für zielgerichtetes Verhalten.

Neurotransmitter, die chemischen Botenstoffe des Gehirns, beeinflussen ebenfalls maßgeblich unseren Fokus. Dopamin, das oft mit Freude und Belohnung in Verbindung gebracht wird, steigert die Motivation und Aufmerksamkeit. Noradrenalin, das mit

Erregung und Wachsamkeit in Verbindung gebracht wird, bereitet das Gehirn auf die Reaktion auf Reize vor und fördert die Konzentration.

Das Verständnis dieser neuronalen Mechanismen gibt Aufschluss darüber, wie Konzentration funktioniert, und unterstreicht die Bedeutung der Erhaltung der Gehirngesundheit zur Unterstützung der kognitiven Funktionen.

Faktoren, die die Konzentration beeinflussen: Umwelt, Denkweise und Gesundheit

Während die Architektur des Gehirns die Grundlage für die Aufmerksamkeit bildet, können verschiedene externe und interne Faktoren unsere Konzentrationsfähigkeit verbessern oder beeinträchtigen.

Umgebung: Unsere Umgebung hat einen großen Einfluss auf unsere Konzentration. Eine unordentliche oder laute Umgebung kann die Sinne überfordern und die Konzentration erschweren. Umgekehrt kann ein gut organisierter, ruhiger Raum, wie ein aufgeräumter Schreibtisch in einem ruhigen Zimmer, die geistige Klarheit und anhaltende Aufmerksamkeit fördern. Meine persönliche Erfahrung hat gezeigt, dass das Aufräumen meines Arbeitsplatzes und die Minimierung von Hintergrundgeräuschen meine Fähigkeit, mich auf komplexe Aufgaben zu konzentrieren, erheblich verbessert haben.

Denkweise: Unsere Überzeugungen und Einstellungen zu unseren Fähigkeiten spielen eine wichtige Rolle bei der Beeinflussung unserer Konzentration. Eine wachstumsorientierte Denkweise, die Überzeugung, dass Fähigkeiten und Intelligenz durch Anstrengung entwickelt werden können, fördert die Belastbarkeit und Ausdauer. Im Gegensatz dazu kann eine starre Denkweise dazu führen, dass Herausforderungen vermieden werden und die Konzentration nachlässt. Eine wachstumsorientierte Denkweise kann uns befähigen, herausfordernde Projekte mit anhaltender Konzentration anzugehen und Hindernisse als Wachstumschancen zu betrachten.

Gesundheit: Das körperliche Wohlbefinden ist eng mit der kognitiven Funktion verbunden. Ausreichend Schlaf, regelmäßige Bewegung und eine ausgewogene Ernährung liefern die Energie und Nährstoffe, die für eine optimale Gehirnleistung erforderlich sind. Ich erinnere mich an Phasen, in denen ich mich schlecht konzentrieren konnte, weil ich unter Schlafentzug litt, was die entscheidende Rolle der Ruhe für die Aufrechterhaltung der Aufmerksamkeit unterstreicht. Um die Schlafqualität zu verbessern, sollten Sie einen regelmäßigen Schlafrhythmus einführen, eine entspannende Schlafenszeitroutine schaffen und sicherstellen, dass Ihre Schlafumgebung der Erholung förderlich ist.

Wenn wir diese Faktoren anerkennen und berücksichtigen, können wir Bedingungen schaffen, die unsere Konzentrationsfähigkeit unterstützen und verbessern, was zu mehr Produktivität und persönlicher Zufriedenheit führt.

Produktivitätsmythen entlarvt

Jahrelang war ich stolz auf meine Fähigkeit, mehrere Aufgaben gleichzeitig zu erledigen. Ich glaubte, dass ich durch das Jonglieren mehrerer Aufgaben auf einmal effizienter wurde – eine Superkraft in einer Welt, die Geschäftigkeit verherrlicht. Ich beantwortete E-Mails, während ich Anrufe entgegennahm, sammelte kreative Ideen, während ich an Besprechungen teilnahm, und blätterte durch Updates, während ich versuchte, mich auf ein Projekt zu konzentrieren. Es fühlte sich an, als würde ich mehr erledigen, aber in Wirklichkeit war ich ausgebrannt, produzierte unterdurchschnittliche Arbeit und fühlte mich nie wirklich zufrieden.

Der Trugschluss des Multitaskings ist einer der hartnäckigsten Mythen über Produktivität. Die Wissenschaft hat wiederholt gezeigt, dass das menschliche Gehirn nicht dafür ausgelegt ist, mehrere komplexe Aufgaben gleichzeitig zu bewältigen. Studien aus der kognitiven Psychologie zeigen, dass das, was wir Multitasking nennen, ein Wechsel von Aufgaben ist – unser Gehirn wechselt schnell von einer Aufgabe zur nächsten und hinterlässt eine Spur geistiger Ermüdung und verminderter Effizienz. Jeder Wechsel verursacht kognitive Kosten, die uns verlangsamen und die Wahrscheinlichkeit von Fehlern erhöhen.

Ich habe das auf die harte Tour während einer besonders chaotischen Woche gelernt. In dieser Woche waren drei große Projekte fällig, mein Posteingang war mit dringenden E-Mails überflutet und ich hatte eine Besprechung nach der anderen. Die Fristen rückten näher, mein Posteingang quoll über und meine To-do-Liste war ein Flickenteppich aus dringenden Prioritäten. Entschlossen, alles zu bewältigen, verteilte ich meine Aufmerksamkeit auf verschiedene Aufgaben, nur um bereits beantwortete E-Mails erneut zu lesen, Arbeit zu wiederholen, die meinen Standards entsprechen musste, und ständig in Verzug zu geraten. In dieser Woche stieß ich auf eine Studie, die besagt, dass Multitasking die Produktivität um bis zu 40 % senken kann. Da wurde mir klar: Ich war nicht überragend – ich sabotierte mich selbst.

Von diesem Zeitpunkt an begann ich, die Kraft der Konzentration zu nutzen. Ich begann, einzelne Aufgaben in ununterbrochenen Blöcken zu erledigen und widerstand dem Drang, während der Arbeit auf mein Handy zu schauen oder E-Mails zu beantworten. Anfangs war es nicht einfach, aber nach und nach entwickelte ich die Disziplin, konzentriert zu bleiben. Ich legte für jede Aufgabe bestimmte Zeitfenster fest, schaltete Benachrichtigungen aus und schuf eine förderliche Arbeitsumgebung. Die Veränderung war transformativ. Ich erledigte nicht nur Aufgaben schneller, sondern auch die Qualität meiner Arbeit verbesserte sich dramatisch. Es ging nicht nur darum, härter zu arbeiten, sondern auch darum, intelligenter zu arbeiten.

Dies führt mich zu einem weiteren weit verbreiteten Mythos: der Vorstellung, dass mehr immer besser ist. Als ich aufwuchs, setzte ich Produktivität mit der schieren Menge an Output gleich. Ich dachte, Erfolg bestünde darin, so viel wie möglich in jede wache Stunde zu packen. Mit der Zeit wurde mir jedoch klar, dass unerbittliche Geschäftigkeit oft wenig Raum für sinnvolle Fortschritte lässt.

Das Prinzip „Qualität vor Quantität" hat mein Leben verändert. Ich fragte mich: „Was wird die größte Wirkung erzielen?" statt: „Was kann ich schnell von meiner Liste streichen?" Die Umstellung meiner Denkweise, mich auf hochwertige Aufgaben statt auf Fleißarbeit zu konzentrieren, hat meine Herangehensweise an die Arbeit revolutioniert. Dadurch hatte ich das Gefühl, die Kontrolle und die Richtung zu haben, und ein Projekt, das auf meine langfristigen Ziele ausgerichtet war, erfüllte mich mehr als die Erledigung eines Dutzends kleiner, unwichtiger Aufgaben.

Eines der überzeugendsten Beispiele für dieses Konzept stammt aus meiner Erfahrung beim Schreiben dieses Buches. Bei den ersten Entwürfen war ich geradezu besessen davon, jeden Tag eine bestimmte Wortzahl zu erreichen. Ich produzierte Absätze, die sich gezwungen anfühlten, ein willkürliches Ziel zu erreichen. Die Ergebnisse waren jedoch exponentiell besser, als ich einen Schritt zurücktrat und mich darauf konzentrierte, durchdachte, aussagekräftige Abschnitte zu verfassen – auch wenn dies bedeutete, weniger pro Tag zu schreiben.

Das ist mehr als nur eine Anekdote. Untersuchungen belegen, dass Qualität wichtiger ist als Quantität. Eine Studie der Stanford University ergab, dass Menschen, die sich auf eine Aufgabe nach der anderen konzentrieren, qualitativ hochwertigere Arbeit leisten und weniger Stress empfinden. Das ist ein doppelter Gewinn: bessere Ergebnisse und ein besseres psychisches Wohlbefinden.

Es ist nicht einfach, diese Mythen loszulassen. Multitasking fühlt sich intuitiv an, und eine Kultur, die von Produktivität besessen ist, kann uns ein schlechtes Gewissen einreden, wenn wir langsamer werden. Sich von diesen falschen Vorstellungen zu befreien, ist jedoch befreiend. Indem wir uns intensiv auf das konzentrieren, was wirklich wichtig ist, und Qualität über die Illusion von Geschäftigkeit stellen, schaffen wir Raum für bessere Arbeit – und ein besseres Leben. Es ist eine Erleichterung zu wissen, dass wir nicht alles tun müssen, sondern nur die richtigen Dinge auf die richtige Art und Weise.

Wenn Sie sich also jemals überfordert, ausgelaugt oder entmutigt durch Mittelmäßigkeit gefühlt haben, sollten Sie Folgendes wissen: Bei Produktivität geht es nicht darum, alles zu tun. Es geht darum, die richtigen Dinge auf die richtige Weise zu tun. Multitasking und Überlastung sind Gewohnheiten, die es sich lohnt, hinter sich zu lassen. Echte Produktivität entsteht durch Klarheit, Konzentration und bewusste Anstrengung.

Die Rolle von Gewohnheiten im täglichen Leben

Gewohnheiten, die unsichtbaren Architekten unseres täglichen Lebens, sind der Schlüssel zu persönlichem Wachstum und Produktivität. Sie lenken auf subtile Weise unsere Handlungen und Entscheidungen, von der alltäglichen Aufgabe, uns die Zähne zu putzen, bis hin zum gewohnheitsmäßigen Blick auf unser Handy in Leerlaufmomenten. Das Verständnis für die Entstehung und Aufrechterhaltung von Gewohnheiten ist nicht nur entscheidend, sondern auch eine Bereicherung für jeden, der ihre Kraft für persönliches Wachstum und Produktivität nutzen möchte.

Wie Gewohnheiten entstehen und aufrechterhalten werden

Die Bildung einer Gewohnheit beginnt mit einer bewussten Handlung. Wenn wir diese Handlung konsequent im gleichen Kontext wiederholen, wird sie zu einem festen Bestandteil unseres Verhaltens. Dieser Prozess wird oft als „Gewohnheitsschleife" bezeichnet, ein Konzept, das Charles Duhigg in seinem Buch *„The Power of Habit"* populär gemacht hat. Die Gewohnheitsschleife besteht aus drei Komponenten: Auslöser, Routine und Belohnung.

Die Gewohnheitsschleife: Auslöser, Routine, Belohnung

1. **Cue:** Dies ist der Auslöser, der das Verhalten einleitet. Es kann eine bestimmte Tageszeit, ein emotionaler Zustand oder ein bestimmter Ort sein. Wenn man sich beispielsweise gestresst fühlt, kann dies ein Hinweis darauf sein, dass man sich einer bestimmten Tätigkeit widmen sollte.

2. **Routine:** Dies ist das Verhalten – die Handlung, die man als Reaktion auf den Hinweis ausführt. Um beim vorherigen Beispiel zu bleiben, könnte die Routine darin bestehen, einen Snack zu essen, wenn man sich gestresst fühlt.

3. **Belohnung:** Dieses positive Ergebnis verstärkt das Verhalten und erhöht die Wahrscheinlichkeit, dass es in Zukunft wiederholt wird. Die Belohnung könnte die vorübergehende Linderung von Stress sein, die der Snack bietet.

Mit der Zeit wird dieser Kreislauf automatischer und das Verhalten wird zur Gewohnheit. Das Verständnis dieses Kreislaufs ist nicht nur nützlich, sondern unerlässlich, um neue Gewohnheiten zu entwickeln und zu ändern. Es ist ein mächtiges Werkzeug, das, sobald es verstanden wird, dazu verwendet werden kann, unser Leben zu gestalten und die persönliche Entwicklung zu fördern.

Persönliche Reflexion

Wenn ich über meine Erfahrungen nachdenke, erinnere ich mich daran, dass ich Schwierigkeiten hatte, ein regelmäßiges Trainingsprogramm aufrechtzuerhalten. Trotz meiner besten Absichten fiel es mir schwer, mich daran zu halten. Erst als ich meine Auslöser identifizierte – wie z. B. das Ende der Arbeit für den Tag – und mir angewohnte, unmittelbar danach eine kurze Laufrunde zu absolvieren, konnte ich Fortschritte feststellen. Die Belohnung war das Gefühl, etwas erreicht zu haben, und der Endorphinschub nach dem Laufen. Durch die bewusste Gestaltung dieses Gewohnheitskreislaufs konnte ich das Training zu einem festen Bestandteil meines Lebens machen.

Die Rolle von Gewohnheiten im täglichen Leben

Gewohnheiten spielen eine wichtige Rolle in unserem täglichen Leben und beeinflussen unsere Gesundheit, Produktivität und unser allgemeines Wohlbefinden. Sie ermöglichen es uns, Aufgaben zu erledigen, ohne viel mentale Energie aufwenden zu müssen, wodurch kognitive Ressourcen für komplexere Aktivitäten frei werden. Allerdings sind nicht alle Gewohnheiten vorteilhaft. Wenn wir unsere Gewohnheiten erkennen und verstehen, können wir bewusst entscheiden, welche wir beibehalten, ändern oder ablegen möchten, und so mehr Kontrolle über unsere Handlungen und Entscheidungen erlangen.

Zusammenfassend lässt sich sagen, dass Gewohnheiten mächtige Werkzeuge sind, die unser Leben tiefgreifend prägen. Wenn wir den Gewohnheitskreislauf verstehen und über unser Verhalten nachdenken, können wir die Kontrolle über unsere Gewohnheiten übernehmen und sie zu unserem Vorteil nutzen.

Chapter 2
Das Fundament legen

Bewertung Ihrer aktuellen Konzentrationsniveaus

IN UNSERER SCHNELLLEBIGEN WELT ist es sowohl eine Herausforderung als auch eine Notwendigkeit, den Fokus beizubehalten. Um unsere Konzentration zu verbessern, müssen wir zunächst unsere aktuellen Konzentrationsniveaus verstehen. Dieses Verständnis stärkt uns nicht nur, sondern ermöglicht es uns auch, persönliche Ablenkungen und Produktivitätsbarrieren zu erkennen, sodass wir den Weg für effektive Strategien zur Verbesserung der Aufmerksamkeit und Effizienz ebnen können.

Selbsteinschätzung: Ein Spiegel für unsere Konzentration

Die Selbsteinschätzung ist ein Reflexionsinstrument, mit dem wir unsere Aufmerksamkeitsspanne beurteilen, Ablenkungen identifizieren und Muster erkennen können, die die Produktivität beeinträchtigen. Wir können Bereiche, in denen Verbesserungen erforderlich sind, ermitteln, indem wir unsere täglichen Routinen und Verhaltensweisen untersuchen.

Persönliche Ablenkungen und Produktivitätsbarrieren erkennen

Ablenkungen sind allgegenwärtig, aber ihre Auswirkungen variieren von Person zu Person. Zu den häufigsten Ablenkungen gehören digitale Unterbrechungen, Umweltfaktoren und interne Herausforderungen wie Stress oder mangelnde Motivation. Diese Ablenkungen zu erkennen, ist der erste Schritt, um ihre Auswirkungen zu mildern.

Strategien zur Verbesserung der Konzentration

Sobald wir unsere Ablenkungen identifiziert haben, können wir Strategien zur Verbesserung der Konzentration umsetzen, die uns ein Gefühl der Erfüllung vermitteln und uns dazu inspirieren, unseren Weg zu mehr Produktivität fortzusetzen:

- **Digitales Management**: Durch die Begrenzung von Benachrichtigungen und das Festlegen bestimmter Zeiten für die Überprüfung von E-Mails können digitale Unterbrechungen reduziert werden. Diese Unterbrechungen können Benachrichtigungen aus sozialen Medien, E-Mail-Benachrichtigungen oder sogar App-Updates sein, die auf Ihrem Bildschirm erscheinen.

- **Anpassung der Umgebung**: Die Schaffung eines dedizierten Arbeitsbereichs mit minimalen Ablenkungen fördert eine bessere Konzentration.

- **Achtsamkeitsübungen**: Die Einbeziehung von Achtsamkeitsübungen kann die Aufmerksamkeit verbessern und Stress reduzieren.

Durch eine gründliche Selbsteinschätzung und die Beseitigung festgestellter Ablenkungen können wir eine Umgebung schaffen, die anhaltende Konzentration und Produktivität fördert.

Klare Ziele definieren

Das Setzen klarer und umsetzbarer Ziele ist auf dem Weg der persönlichen Entwicklung von entscheidender Bedeutung. Das SMART-Konzept – Spezifisch, Messbar, Ausführbar, Realistisch und Terminiert – ist nicht nur ein Leitfaden, sondern ein Kompass, der eine klare Richtung vorgibt. Indem wir unsere täglichen Gewohnheiten an langfristigen Zielen ausrichten, können wir einen strukturierten Weg zum Erfolg schaffen und uns dabei geleitet und fokussiert fühlen.

Verständnis von SMART-Zielen

Die SMART-Kriterien bieten einen strukturierten Ansatz für die Zielsetzung:

- **Spezifisch**: Definieren Sie das Ziel klar, um Unklarheiten zu vermeiden.

- **Messbar**: Legen Sie Kriterien fest, um den Fortschritt zu verfolgen.

- **Erreichbar**: Setzen Sie sich realistische Ziele, die Ihren Fähigkeiten entsprechen.

- **Relevant**: Stellen Sie sicher, dass das Ziel mit den umfassenderen Zielen übereinstimmt.

- **Zeitgebunden**: Legen Sie eine klare Frist fest, um Dringlichkeit zu schaffen.

Dieser Rahmen erhöht die Klarheit und den Fokus und erhöht die Wahrscheinlichkeit, dass Sie Ihre Ziele erreichen.

Alltägliche Gewohnheiten mit langfristigen Zielen in Einklang bringen
Um die Lücke zwischen täglichen Handlungen und übergeordneten Zielen zu schließen, ist es wichtig,

- **Schlüsselgewohnheiten zu identifizieren**: Bestimmen Sie tägliche Praktiken, die direkt zu Ihren langfristigen Zielen beitragen.

- **Gewohnheiten in die Routine integrieren**: Integrieren Sie diese Gewohnheiten konsequent in Ihren Tagesablauf.

- **Fortschritte überwachen**: Bewerten Sie regelmäßig, wie effektiv diese Gewohnheiten Sie Ihren Zielen näher bringen.

Diese Ausrichtung stellt sicher, dass jeder Tag Sie Ihren gewünschten Ergebnissen näher bringt.

Persönliche Reflexion

Die Reflexion meiner Erfahrungen, das Setzen von SMART-Zielen und die Ausrichtung meiner täglichen Gewohnheiten haben mich verändert. Als ich zum Beispiel meine körperliche Gesundheit verbessern wollte, habe ich mir das konkrete Ziel gesetzt, täglich 30 Minuten Sport zu treiben. Ich konnte meine Fortschritte verfolgen und motiviert bleiben, indem ich dieses Ziel messbar und zeitlich begrenzt machte. Das Erreichen dieses Ziels vermittelte mir ein Gefühl der Erfüllung und motivierte mich, weitere SMART-Ziele zu setzen und zu erreichen. Dieser strukturierte Ansatz verbesserte meine körperliche Gesundheit und vermittelte mir ein Gefühl von Disziplin und Sinnhaftigkeit in meinem täglichen Leben.

Ein förderliches Umfeld schaffen

Die Schaffung eines Arbeitsplatzes, der Ablenkungen minimiert und Ergonomie priorisiert, ist für die Steigerung von Konzentration und Produktivität unerlässlich. Eine organisierte Umgebung reduziert Unterbrechungen und fördert ein Gefühl der Ruhe und Effizienz. Ergonomie, die Wissenschaft der Gestaltung von Arbeitsplätzen, die auf die Bedürfnisse des Benutzers zugeschnitten sind, ist entscheidend, um Unbehagen zu vermeiden und eine anhaltende Konzentration zu fördern.

So organisieren Sie Ihren Arbeitsplatz, um Ablenkungen zu minimieren

Ein unordentlicher Schreibtisch kann zu einem unordentlichen Geist führen. So schaffen Sie einen ablenkungsfreien Arbeitsplatz:

1. Beginnen Sie damit, Ihren Arbeitsbereich aufzuräumen.

2. Entfernen Sie unnötige Gegenstände und ordnen Sie wichtige Werkzeuge und Dokumente systematisch.

3. Verwenden Sie Aufbewahrungslösungen wie Schubladen, Regale und Organizer, um Ihre Schreibtischoberfläche sauber zu halten.

Dieser Ansatz fördert nicht nur die Konzentration, sondern optimiert auch den Arbeitsablauf.

Digitale Unordnung kann genauso ablenkend sein wie physische Unordnung. Indem Sie Ihren digitalen Arbeitsbereich organisieren, können Sie jedoch die Kontrolle über Ihre Umgebung übernehmen. Beginnen Sie damit, Ihren Desktop zu entrümpeln, nicht verwendete Registerkarten zu schließen und Benachrichtigungen zu verwalten. Diese digitalen Organisationsstrategien können Ablenkungen erheblich reduzieren und die Effizienz steigern, sodass Sie das Gefühl haben, Ihre Arbeit im Griff zu haben.

Die Bedeutung von Ergonomie und Komfort

Ergonomie ist für die Schaffung eines angenehmen und produktiven Arbeitsplatzes von entscheidender Bedeutung. Eine angemessene ergonomische Gestaltung verringert das Risiko von Muskel-Skelett-Erkrankungen und fördert das allgemeine Wohlbefinden. Wenn Sie beispielsweise Ihren Computermonitor auf Augenhöhe positionieren, können Sie Nacken- und Augenbelastungen vorbeugen, während ein ergonomischer Stuhl eine korrekte Körperhaltung unterstützt und Rückenschmerzen reduziert. Durch die Berücksichtigung dieser ergonomischen Grundsätze sorgen Sie für Ihre Gesundheit und Ihr Wohlbefinden.

Ergonomische Accessoires wie Monitorständer, Tastaturablagen und Fußstützen können den Komfort erhöhen und das Risiko von Muskel-Skelett-Erkrankungen verringern. Ein Monitorständer kann beispielsweise dabei helfen, die Augen auf Augenhöhe zu halten, wodurch die Nackenbelastung verringert wird, während eine Tastaturablage die Handgelenke in einer neutralen Position halten kann, wodurch Schmerzen in den Handgelenken vermieden werden. Diese Accessoires dienen nicht nur dem Komfort, sondern auch der Vorbeugung von Gesundheitsproblemen.

Auch die Beleuchtung spielt eine entscheidende Rolle für die Ergonomie. Natürliches Licht ist ideal, da es die Augenbelastung reduziert und eine positive Stimmung fördert.

Wenn kein natürliches Licht verfügbar ist, verwenden Sie eine verstellbare künstliche Beleuchtung, um sicherzustellen, dass Ihr Arbeitsbereich gut beleuchtet ist.

Wenn Sie Ihren Arbeitsbereich so organisieren, dass Ablenkungen minimiert werden, und der Ergonomie Priorität einräumen, schaffen Sie eine Umgebung, die Konzentration und Produktivität fördert. Diese Anpassungen verbessern die Arbeitsleistung und tragen zum allgemeinen Wohlbefinden bei.

Chapter 3
Morgengewohnheiten, die Ihren Tag ankurbeln

Achtsame Morgenroutine

WENN SIE EINE ACHTSAME Morgenroutine in Ihren Alltag integrieren, können Sie Ihre Konzentration, Produktivität und Ihr allgemeines Wohlbefinden erheblich steigern. Zwei entscheidende Komponenten einer solchen Routine sind das Praktizieren von Dankbarkeit, das Setzen von Vorsätzen und das Durchführen von Atemübungen für geistige Klarheit.

Dankbarkeit praktizieren und Vorsätze setzen

Wenn Sie Ihren Tag mit Dankbarkeit beginnen, bedeutet dies, dass Sie die positiven Aspekte Ihres Lebens anerkennen und wertschätzen. Diese Praxis hat die psychische Gesundheit verbessert, Stress reduziert und die Zufriedenheit gesteigert. Laut einer in *Psychology Today* veröffentlichten Studie kann Dankbarkeit das Wohlbefinden und die Lebenszufriedenheit steigern.

Um dies umzusetzen, sollten Sie in Erwägung ziehen, ein Dankbarkeitstagebuch zu führen. Schreiben Sie jeden Morgen drei Dinge auf, für die Sie dankbar sind. Diese einfache Handlung kann Ihre Denkweise in Richtung Positivität verändern und einen konstruktiven Ton für den Tag setzen.

Vorsätze zu fassen ist ein wirkungsvolles Mittel, mit dem Sie Ihren Tag selbst in die Hand nehmen können. Im Gegensatz zu Zielen, die konkrete Ergebnisse sind, konzentrieren sich Vorsätze auf Ihre Einstellung und Denkweise. Sie könnten sich beispielsweise vornehmen, geduldig, konzentriert oder mitfühlend zu sein. Diese Praxis bringt Ihre Handlungen mit Ihren Grundwerten in Einklang und kann Ihr tägliches Verhalten leiten, wodurch Sie Kontrolle und Eigenverantwortung erlangen.

Atemübungen für geistige Klarheit

Atemübungen sind praktische Hilfsmittel, um die geistige Klarheit zu fördern und Stress abzubauen. Eine dieser Techniken ist die Kastenatmung, bei der man vier Atemzüge lang einatmet, den Atem anhält, ausatmet und erneut anhält. Diese Methode kann das Nervensystem beruhigen und die Konzentration verbessern, sodass Sie sich entspannt und wohl fühlen.

Eine weitere nützliche Übung ist die Wechselatmung, die im Yoga als Nadi Shodhana bekannt ist. Diese Technik gleicht die linke und rechte Gehirnhälfte aus und fördert die geistige Klarheit und emotionale Stabilität. Sie kann Ihnen ein Gefühl der Zentriertheit und Erdung vermitteln, sodass Sie dem Tag gelassen entgegensehen können.

Wenn Sie diese Praktiken in Ihre morgendliche Routine einbauen, schaffen Sie die Grundlage für einen konzentrierten und produktiven Tag. Indem Sie sich Zeit für Dankbarkeit nehmen, Vorsätze fassen und achtsame Atemübungen machen, bereiten Sie Ihren Geist und Körper darauf vor, die täglichen Herausforderungen mit Klarheit und Belastbarkeit zu meistern.

Körperliche Aktivität für mehr Energie

Wenn Sie körperliche Aktivität in Ihre morgendliche Routine einbauen, können Sie Ihre Energie und Konzentration deutlich steigern. Einfache Dehn- oder Yogaübungen nach dem Aufwachen beleben den Körper und bereiten den Geist auf die anstehenden Aufgaben vor.

Einfache Dehn- oder Yogaübungen

Wenn Sie den Tag mit sanften Bewegungen beginnen, werden die Muskeln geweckt und die Durchblutung angeregt. Eine 10-minütige morgendliche Yoga-Sitzung mit einfachen Posen wie Katze-Kuh, Herabschauender Hund und Berghaltung ist besonders für Anfänger von Vorteil. Diese Übungen sind darauf ausgelegt, Steifheit zu lösen und den Körper für einen großartigen Tag zu stärken, sodass sie von jedem leicht in die morgendliche Routine integriert werden können.

Eine anfängerfreundliche 10-minütige Morgen-Yoga-Stunde kann eine hervorragende Einführung für Yoga-Neulinge sein. Diese Stunde konzentriert sich auf einfache, aber belebende Posen, die den Körper aufwecken und einen positiven Grundton für den kommenden Tag setzen.

Vorteile von morgendlicher Bewegung für die Konzentration

Morgendliche körperliche Betätigung bietet zahlreiche Vorteile, die über die körperliche Gesundheit hinausgehen. Morgendliches Training kann zu besserem Schlaf und besserer Konzentration während des Tages führen. Die beste Zeit für eine Trainingseinheit ist die, die Sie regelmäßig absolvieren können, sodass Sie die Flexibilität haben, eine Zeit zu wählen, die Ihrem Zeitplan und Ihren Vorlieben entspricht.

Darüber hinaus kann morgendliches Training die geistige Klarheit fördern. Wenn Sie den Tag mit körperlicher Aktivität beginnen, können Sie Ihre Konzentration und mentale Energie steigern und so möglicherweise Ihre Produktivität bei der Arbeit oder bei täglichen Aufgaben erhöhen. So können Sie beispielsweise bei morgendlichen Besprechungen wacher bleiben oder sich besser auf Ihre Aufgaben konzentrieren.

Wenn Sie diese Praktiken in Ihre morgendliche Routine einbauen, können Sie einen positiven Grundton für den Tag schaffen und Ihr körperliches und geistiges Wohlbefinden steigern. Durch diese einfachen Änderungen können Sie Ihren Tag mit mehr Energie, Konzentration und der Bereitschaft beginnen, alles anzugehen, was auf Sie zukommt.

Ihren Körper nähren

Wenn das erste Licht der Morgendämmerung durch mein Fenster fällt, denke ich oft über das Potenzial des Tages nach. Mit der Zeit habe ich erkannt, dass meine Entscheidungen in diesen frühen Momenten meine Energie, Konzentration und mein allgemeines Wohlbefinden tiefgreifend beeinflussen. Im Mittelpunkt dieser Erkenntnis steht das Verständnis, dass die Ernährung meines Körpers mit einem gesunden Frühstück und die Aufrechterhaltung einer angemessenen Flüssigkeitszufuhr keine bloßen Routinen sind, sondern grundlegende Säulen, die meine kognitiven Funktionen und meine Produktivität den ganzen Tag über unterstützen.

Die Bedeutung eines gesunden Frühstücks

Als ich aufwuchs, hörte ich oft das Sprichwort: „Das Frühstück ist die wichtigste Mahlzeit des Tages." Im Erwachsenenalter, inmitten der Hektik der täglichen Aufgaben, begriff ich jedoch erst die Bedeutung dieses Sprichworts. Das Verständnis der Wissenschaft hinter dem Frühstück und seiner Auswirkungen auf unseren Körper und Geist befähigte mich, fundierte Entscheidungen zu treffen. Wenn ich das Frühstück ausließ oder mich für schnelle, zuckerhaltige Lösungen entschied, fühlte ich mich oft schon vormittags träge und unkonzentriert. Diese persönliche Erfahrung hat mich dazu gebracht, mich eingehender mit der Wissenschaft hinter dem Frühstück und seinen Auswirkungen auf unseren Körper und Geist zu beschäftigen.

Die Forschung unterstreicht immer wieder die Bedeutung einer ausgewogenen Mahlzeit am Morgen. Ein nahrhaftes Frühstück füllt unseren Blutzuckerspiegel auf und liefert die nötige Energie, um unseren Stoffwechsel anzukurbeln und unser Gehirn mit Energie zu versorgen. Studien haben gezeigt, dass Personen, die ein gesundes Frühstück zu sich nehmen, tendenziell ein besseres Gedächtnis, eine bessere Konzentration und eine bessere allgemeine kognitive Funktion haben als Personen, die es auslassen. Darüber hinaus kann ein ausgewogenes Frühstück den Blutzuckerspiegel stabilisieren und so Energieeinbrüche verhindern, die oft zu übermäßigem Essen im Laufe des Tages führen.

Schnelle und gesunde Frühstücksrezepte

Ein nahrhaftes Frühstück in einen hektischen Morgen einzubauen, muss keine schwierige Aufgabe sein. Im Laufe der Jahre habe ich mit verschiedenen schnellen und gesunden Optionen experimentiert, die meinen Geschmacksnerven und Zeitvorgaben gerecht werden. Eine meiner Lieblingsoptionen sind Haferflocken über Nacht. Wenn ich am Abend zuvor Haferflocken mit Mandelmilch, Chiasamen und einer Handvoll Beeren kombiniere, wache ich mit einer verzehrfertigen, ballaststoffreichen Mahlzeit auf, die mich stundenlang satt hält.

Ein weiterer Favorit ist ein Smoothie mit Blattgemüse, einer Banane, einer Kugel Proteinpulver und einem Schuss Kokoswasser. Diese Mischung liefert wichtige Vitamine und Mineralien und spendet Feuchtigkeit – ein entscheidender Aspekt, den wir weiter untersuchen werden. An den Morgen, an denen ich Lust auf etwas Herzhaftes habe, liefert Vollkorntoast mit Avocado und einem pochierten Ei gesunde Fette und Proteine und bildet eine solide Grundlage für den kommenden Tag.

Es ist wichtig zu wissen, dass der Schlüssel zu einem gesunden Frühstück in seiner ausgewogenen Nährstoffzusammensetzung liegt. Die Kombination von komplexen Kohlenhydraten, magerem Eiweiß und gesunden Fetten sorgt für eine anhaltende Energiefreisetzung und unterstützt die kognitiven Funktionen. So kann beispielsweise die Kombination von Vollkornprodukten mit Proteinen wie Eiern oder Joghurt das Gedächtnis und die Aufmerksamkeitsspanne verbessern, da der Körper eine stetige Zufuhr von Glukose erhält, der Hauptenergiequelle des Gehirns.

Flüssigkeitszufuhr: Der unbesungene Held der kognitiven Funktion

Während die Bedeutung eines nahrhaften Frühstücks allgemein anerkannt ist, muss die Rolle der Flüssigkeitszufuhr für die kognitive Leistungsfähigkeit oft noch stärker gewürdigt werden. Ich erinnere mich an Tage, an denen ich mich trotz guter Ernährung geistig benebelt fühlte und mich nur schwer konzentrieren konnte. In diesen Zeiten wurde mir klar, dass meine Wasseraufnahme unzureichend war. Diese Beobachtung veranlasste mich, den tiefgreifenden Zusammenhang zwischen Flüssigkeitszufuhr und Gehirnfunktion zu erforschen.

Unser Gehirn besteht zu etwa 75 % aus Wasser. Selbst eine leichte Dehydrierung kann die kognitiven Fähigkeiten beeinträchtigen und sich auf die Konzentration, die Aufmerksamkeit und das Kurzzeitgedächtnis auswirken. Studien haben gezeigt, dass ein Rückgang des Körperwassers um nur 1–2 % zu einer erheblichen Verschlechterung der kognitiven Fähigkeiten führen kann. Dies unterstreicht, wie wichtig es ist, einen angemessenen Flüssigkeitshaushalt aufrechtzuerhalten, nicht nur für die körperliche Gesundheit, sondern auch für die geistige Schärfe.

Trinken in die täglichen Routinen integrieren

Um eine optimale Flüssigkeitszufuhr sicherzustellen, habe ich mir einfache, aber effektive Gewohnheiten angeeignet. Ich beginne meinen Tag mit einem Glas Wasser, um die über Nacht verlorene Flüssigkeit wieder aufzufüllen und meinen Stoffwechsel anzukurbeln. Den ganzen Tag über halte ich eine wiederverwendbare Wasserflasche in Reichweite, eine einfache Methode, die mich daran erinnert, regelmäßig zu trinken. Wenn man Wasser mit Zitrus- oder Gurkenscheiben aufgießt, erhält es eine erfrischende Note, die den Genuss erhöht.

Es ist auch gut zu wissen, dass bestimmte Lebensmittel zu unserer täglichen Wasseraufnahme beitragen. Obst und Gemüse wie Wassermelone, Gurken und Orangen haben einen hohen Wassergehalt und können zur Aufrechterhaltung der Flüssigkeitszufuhr beitragen. Die Zugabe dieser Lebensmittel zu Mahlzeiten und Snacks erhöht die Nährstoffaufnahme und regt zu einer gesünderen Lebensmittelauswahl an, was die allgemeine Flüssigkeitszufuhr unterstützt.

Die Synergie von Ernährung und Flüssigkeitszufuhr

Wenn ich über meine Reise nachdenke, schätze ich die harmonische Beziehung zwischen richtiger Ernährung und Flüssigkeitszufuhr. Ein ausgewogenes Frühstück liefert die notwendigen Nährstoffe, um unseren Körper mit Energie zu versorgen, während eine ausreichende Flüssigkeitszufuhr dafür sorgt, dass diese Nährstoffe effektiv transportiert und verwertet werden. Zusammen bilden sie die Grundlage für eine verbesserte kognitive Funktion, eine bessere Stimmung und ein anhaltendes Energieniveau während des Tages.

Wenn wir diese Aspekte in unseren morgendlichen Routinen priorisieren, schaffen wir die Voraussetzungen für Erfolg und rüsten unseren Geist und Körper dafür, die Herausforderungen des Tages mit Klarheit und Elan zu meistern. Dies ist ein Beweis für die tiefgreifende Wirkung achtsamer Entscheidungen auf unser Wohlbefinden.

Chapter 4
Gewohnheiten am Mittag, um den Schwung beizubehalten

Effektive Pausentechniken

IM UNERMÜDLICHEN STREBEN NACH Produktivität übersieht man leicht, wie tiefgreifend strukturierte Pausen unsere Effizienz und unser Wohlbefinden beeinflussen können. Zwei Techniken, die meine Arbeitsroutine erheblich verbessert haben, sind die Pomodoro-Technik und kurze Spaziergänge im Alltag.

Die Pomodoro-Technik: Arbeits-/Ruheintervalle

Die Pomodoro-Technik wurde Ende der 1980er Jahre von Francesco Cirillo entwickelt und ist eine Zeitmanagementmethode, bei der die Arbeit in Intervalle von traditionell 25 Minuten unterteilt wird, die durch kurze Pausen voneinander getrennt sind. Dieser Ansatz zielt darauf ab, die Konzentration zu verbessern und Burnout vorzubeugen.

Ich bin der Pomodoro-Technik zum ersten Mal bei einem besonders anspruchsvollen Projekt begegnet. Der ständige Druck, qualitativ hochwertige Arbeit zu liefern, führte zu längeren Arbeitszeiten an meinem Schreibtisch, was zu geistiger Erschöpfung und sinkenden Erträgen führte. Auf der Suche nach einer Lösung stieß ich auf die Pomodoro-Technik und beschloss, sie auszuprobieren.

Die Umsetzung dieser Methode war transformativ. Indem ich mich 25 Minuten lang der konzentrierten Arbeit widmete, gefolgt von einer 5-minütigen Pause, stellte ich eine deutliche Verbesserung meiner Konzentration und Leistung fest. Die strukturierten Intervalle sorgten für ein Gefühl der Dringlichkeit und ermutigten mich, innerhalb der vorgegebenen Zeit effizienter zu arbeiten. Darüber hinaus ermöglichten mir die regelmäßigen Pausen, neue Energie zu tanken, und verhinderten die geistige Erschöpfung, die ich zuvor erlebt hatte.

Die Wirksamkeit dieser Technik wird durch Forschungsergebnisse gestützt. Laut einer in *Cognition* veröffentlichten Studie können kurze Unterbrechungen einer Aufgabe die Fähigkeit, sich über längere Zeiträume auf diese Aufgabe zu konzentrieren, erheblich verbessern. Die Pomodoro-Technik nutzt dies, indem sie regelmäßige Pausen einbaut, die anhaltende Aufmerksamkeit fördert und die kognitive Ermüdung reduziert.

Kurze Spaziergänge zur Verjüngung von Körper und Geist

Zusätzlich zur Pomodoro-Technik hat es sich als unschätzbar wertvoll erwiesen, kurze Spaziergänge in meinen Tagesablauf einzubauen. Während meiner 5-minütigen Pausen begann ich, kurze Spaziergänge um meinen Arbeitsplatz herum zu machen. Diese einfache Praxis hat meine geistige Klarheit und mein körperliches Wohlbefinden tiefgreifend beeinflusst.

Es hat sich gezeigt, dass selbst kurze Spaziergänge zahlreiche Vorteile bieten. Eine Studie der Stanford University ergab, dass Gehen die kreative Inspiration fördert. Dabei war der Akt des Gehens selbst und nicht die Umgebung der Hauptfaktor. Teilnehmer, die drinnen oder draußen gingen, produzierten doppelt so viele kreative Antworten wie diejenigen, die sitzen blieben.

Diese kurzen Spaziergänge förderten meine Kreativität und sorgten für die nötige körperliche Abwechslung vom langen Sitzen. Die Bewegung half, Muskelsteifheit zu lindern, und verbesserte meine allgemeine Stimmung, sodass ich mit neuer Energie und Konzentration leichter wieder an die Arbeit gehen konnte.

Diese Praktiken in meinen Alltag zu integrieren, erforderte Disziplin und Engagement. Anfangs war es schwierig, sich von der Arbeit zu lösen, besonders wenn man in eine Aufgabe vertieft war. Ich habe jedoch einen ausgewogenen Arbeitsablauf geschaffen, bei dem Produktivität und Wohlbefinden im Vordergrund stehen, indem ich klare Grenzen gesetzt und mich an die Pomodoro-Intervalle gehalten habe.

Achtsamkeit und Meditation

In unserem schnelllebigen Leben Momente der Ruhe zu finden, kann schwer sein. Wenn wir jedoch nur zehn Minuten für eine geführte Meditation aufwenden, kann dies unser

Wohlbefinden erheblich verbessern. Diese Praxis reduziert nicht nur Stress, sondern verbessert auch die Konzentration und emotionale Belastbarkeit.

Die Essenz der geführten Meditation

Geführte Meditation, eine einfache Praxis, bei der ein Erzähler Sie durch Visualisierungen und Atemübungen führt, ist eine großartige Möglichkeit, Ihre Meditationsreise zu beginnen. Diese Anleitung hilft dabei, Ihre Aufmerksamkeit zu bündeln, und erleichtert es, präsent zu bleiben. Der strukturierte Charakter der geführten Meditation bietet Anfängern einen klaren Weg und reduziert die Unsicherheit, die oft mit der Solo-Meditation einhergeht.

Persönliche Reise in die Meditation

Ich möchte Sie auf eine Reise in meine persönliche Erfahrung mit Meditation mitnehmen. Ich erinnere mich an meinen ersten Meditationsversuch in einer besonders stressigen Zeit. Die ständigen Anforderungen von Arbeit und Privatleben überforderten mich. Ein Freund schlug mir eine zehnminütige geführte Meditation vor. Skeptisch, aber hoffnungsvoll, beschloss ich, es zu versuchen. Ich saß in einer ruhigen Ecke meines Zuhauses und drückte auf die Wiedergabetaste einer geführten Sitzung. Die beruhigende Stimme des Erzählers lud mich ein, meine Augen zu schließen und mich auf meinen Atem zu konzentrieren. Während ich der Anleitung folgte, spürte ich, wie eine Welle der Ruhe über mich kam. Diese zehn Minuten wurden zu einem Zufluchtsort, einer kurzen Atempause vom Chaos.

Wissenschaftliche Unterstützung

Die Forschung unterstreicht die Vorteile kurzer, regelmäßiger Meditationsübungen. So zeigte eine Studie beispielsweise, dass nach acht Wochen tägliches Meditieren von nur 13 Minuten die Aufmerksamkeit und das Gedächtnis verbessert wurden.

Eine andere Studie ergab, dass 10 Tage Headspace – täglich 10 Minuten praktiziert – die Reizbarkeit um 27 % reduzierte.

Diese Ergebnisse deuten darauf hin, dass selbst kurze Meditationssitzungen die geistige Klarheit und die emotionale Regulierung erheblich verbessern können.

Meditation in den Alltag integrieren

Eine zehnminütige geführte Meditation in Ihren Tagesablauf zu integrieren ist einfacher, als Sie vielleicht denken. Sie können sich dafür Zeit in der Mittagspause oder zwischen Aufgaben nehmen. Mit der Zeit kann diese Praxis zu einem Eckpfeiler Ihres Tagesablaufs werden und eine beständige Quelle der Ruhe und Klarheit bieten. Es ist eine einfache, aber wirkungsvolle Methode, um die Kontrolle über Ihr geistiges Wohlbefinden zu übernehmen.

Nährstoffschub

Im hektischen Rhythmus unseres Alltags kann es sich oft wie ein harter Kampf anfühlen, ein konstantes Energieniveau aufrechtzuerhalten. Das berüchtigte Nachmittagstief – Müdigkeit und verminderte Produktivität, das typischerweise zwischen 14 und 16 Uhr einsetzt – ist für viele eine alltägliche Erfahrung. Im Laufe der Jahre habe ich mich mit diesem täglichen Energieabfall auseinandergesetzt und mit verschiedenen Strategien experimentiert, um meine Vitalität den ganzen Tag über aufrechtzuerhalten. Durch persönliche Versuche und umfangreiche Recherchen habe ich herausgefunden, dass der Schlüssel zur Bekämpfung dieses Mittagstiefs maßgeblich in unserer Ernährungsweise liegt.

Das Nachmittagstief: Eine persönliche Begegnung

Lassen Sie mich zu meinen Anfängen zurückkehren, als ich das berüchtigte Nachmittagstief erlebte. Wie ein Uhrwerk ließ meine Energie nach dem Mittagessen nach, was Besprechungen schwieriger machte und den Reiz eines kurzen Nickerchens fast unwiderstehlich machte. Zuerst dachte ich, dies sei nur die natürliche Ebbe und Flut des Körpers. Als ich mich jedoch eingehender damit befasste, wurde mir klar, dass meine Ernährungsgewohnheiten eine bedeutende Rolle bei diesem täglichen Energieabfall spielten.

Die Rolle der Ernährung für das Energieniveau verstehen

Unsere Körper sind komplexe Maschinen, die eine ausgewogene Nährstoffzufuhr benötigen, um optimal zu funktionieren. Die Lebensmittel, die wir zu uns nehmen, beeinflussen direkt unseren Blutzuckerspiegel, die Produktion von Neurotransmittern und die Gesamtenergie. Der Verzehr von Mahlzeiten mit hohem Anteil an raffiniertem Zucker und einfachen Kohlenhydraten kann zu schnellen Blutzuckerspitzen führen, gefolgt von starken Abfällen, was zu Müdigkeit und Lethargie führt. Andererseits können komplexe Kohlenhydrate, Proteine und gesunde Fette für anhaltende Energie sorgen und die kognitiven Funktionen verbessern. Aus diesem Grund sind ausgewogene Mahlzeiten für die Aufrechterhaltung eines konstanten Energieniveaus von entscheidender Bedeutung.

Gesunde Snack-Optionen für anhaltende Energie

Auf meiner Reise habe ich eine Auswahl an Snacks zusammengestellt, die nicht nur den Hunger stillen, sondern auch eine gleichmäßige Energiefreisetzung gewährleisten und so dazu beitragen, den ganzen Tag über konzentriert und produktiv zu bleiben.

1. **Nüsse und Samen**: Mandeln, Walnüsse und Chiasamen sind reich an gesunden Fetten, Proteinen und Ballaststoffen. Eine Handvoll davon kann den Hunger stillen und für einen stetigen Energieschub sorgen.

2. **Griechischer Joghurt mit Beeren**: Griechischer Joghurt liefert reichlich Protein, während Beeren natürliche Süße und Antioxidantien hinzufügen. Diese Kombination unterstützt die Muskelfunktion und sorgt für einen schnellen Energieschub.

3. **Hummus mit Gemüsesticks**: Hummus wird aus Kichererbsen hergestellt und ist eine gute Protein- und Ballaststoffquelle. In Kombination mit knackigem Gemüse wie Karotten und Paprika liefert er Vitamine und Mineralstoffe und ist somit ein ausgewogener Snack.

4. **Apfelstücke mit Nussbutter**: Äpfel liefern natürlichen Zucker und Ballaststoffe, während Nussbutter Protein und gesunde Fette hinzufügt. Zusammen ergeben sie einen sättigenden und energiespendenden Snack.

5. **Vollkorncracker mit Avocado**: Vollkornprodukte liefern komplexe Kohlenhydrate und Avocados sind reich an einfach ungesättigten Fettsäuren. Dieses Duo sorgt für eine anhaltende Energiefreisetzung und hält Sie länger satt.

Mit der richtigen Ernährung dem Nachmittagstief entgehen

Neben der Auswahl der richtigen Snacks sind Essgewohnheiten, die Energieeinbrüche verhindern, unerlässlich. Hier sind einige Strategien, die sich meiner Erfahrung nach bewährt haben:

- **Regelmäßige Mahlzeiten**: Durch den Verzehr kleiner, ausgewogener Mahlzeiten alle 3 bis 4 Stunden wird der Blutzuckerspiegel aufrechterhalten und extremer Hunger verhindert, der zu übermäßigem Essen führen kann.

- **Ausreichend Flüssigkeit**: Dehydrierung kann sich oft als Müdigkeit tarnen. Wenn Sie den ganzen Tag über regelmäßig Wasser trinken, funktioniert der Körper effizient.

- **Begrenzung von raffiniertem Zucker**: Zuckerhaltige Snacks können zwar einen schnellen Energieschub liefern, führen aber oft zu einem raschen Abfall des Blutzuckerspiegels. Natürlicher Zucker in Früchten kann eine stabilere Energiequelle bieten.

- **Einbeziehung von Protein und Ballaststoffen**: Protein und Ballaststoffe in Mahlzeiten und Snacks verlangsamen die Verdauung, was zu einer allmählicheren Energiefreisetzung und einem längeren Sättigungsgefühl führt.

Persönliche Überlegungen und Erfahrungen

Die Umsetzung dieser Ernährungsstrategien hat meinen Tagesablauf verändert. Ich habe festgestellt, dass ich nachmittags nicht mehr so schnell ermüde und meine Produktivität über den ganzen Tag hinweg konstant bleibt. Ein besonders einprägsames Erlebnis hatte ich während eines besonders anspruchsvollen Projekts. Durch die bewusste Wahl energiereicher Snacks und die ausreichende Flüssigkeitszufuhr konnte ich mich auch während längerer Arbeitssitzungen konzentrieren, was zum erfolgreichen Abschluss des Projekts führte. Diese Erfahrung hat mich dazu inspiriert, meine Erfahrungen mit Ihnen zu teilen, und ich hoffe, dass ich Sie dazu inspirieren kann, ähnliche Veränderungen in Ihrem Leben vorzunehmen.

Chapter 5
Abendliche Gewohnheiten zum Entspannen

Reflektierendes Tagebuchschreiben

REFLEKTIERENDES TAGEBUCHSCHREIBEN WAR EIN Eckpfeiler meiner persönlichen Entwicklung und bietet einen Zufluchtsort für Selbstbeobachtung und Wachstum. Jeden Abend, wenn die Welt zur Ruhe kommt, finde ich Trost darin, meine Gedanken aufzuschreiben, was mein Verständnis für tägliche Erfolge und verbesserungswürdige Bereiche tiefgreifend beeinflusst hat.

Bewertung täglicher Erfolge und verbesserungswürdiger Bereiche

Das Tagebuchschreiben dient als Spiegel, der die Ereignisse des Tages und meine Reaktionen darauf reflektiert. Diese Reflexion ist nicht nur eine Nacherzählung, sondern ein tiefes Eintauchen in die Nuancen meiner Handlungen und Entscheidungen. Durch die Dokumentation von Erfolgen, egal wie klein sie auch sein mögen, feiere ich nicht nur den Fortschritt, sondern baue auch ein Gefühl der Leistung und des Vertrauens auf. Umgekehrt ermöglicht mir das Erkennen von Fehltritten, Muster und Bereiche zu identifizieren, die Aufmerksamkeit erfordern.

Zum Beispiel fällt mir immer wieder auf, dass ich Dinge gerne aufschiebe. Dieses Muster zu erkennen, hat mich dazu veranlasst, die zugrunde liegenden Ursachen zu erforschen, was zu Strategien führte, die meine Zeitmanagementfähigkeiten verbesserten. Dieser Prozess der Selbstbeobachtung steht im Einklang mit Erkenntnissen, dass Tagebuchschreiben kritisches Denken und emotionale Regulierung verbessern und das persönliche Wachstum fördern kann.

Prioritäten für den nächsten Tag setzen

Beim Übergang von der Reflexion zur Planung verwende ich mein Tagebuch, um klare Prioritäten für den kommenden Tag festzulegen. Diese Praxis verwandelt die aus der Reflexion gewonnenen Erkenntnisse in umsetzbare Ziele und überbrückt so die Kluft zwischen Bewusstsein und Veränderung. Ich erstelle einen Fahrplan, der meine Handlungen leitet, indem ich Aufgaben umreiße und Absichten festlege, wodurch ich mich besser konzentrieren und produktiver arbeiten kann.

Dieser Ansatz wird durch Forschungsergebnisse gestützt, die darauf hinweisen, dass das Aufschreiben von Zielen die Erfolgsquote verbessern kann.

Indem ich meine Ziele zu Papier bringe, kann ich mich selbst zur Rechenschaft ziehen und klarstellen, was wirklich wichtig ist.

Die emotionale Reise des reflektierenden Tagebuchschreibens

Das reflektierende Tagebuchschreiben ist eine emotionale Reise, die einen sicheren Raum bietet, um Gefühle und Erfahrungen zu verarbeiten. Es gab Momente, in denen das Schreiben über Herausforderungen ein tiefes Gefühl der Erleichterung und Klarheit brachte und überwältigende Emotionen in handhabbare Reflexionen verwandelte. Dieser kathartische Prozess steht im Einklang mit Studien, die die Rolle des Tagebuchschreibens bei der Stressreduzierung und der Steigerung des Wohlbefindens hervorheben.

Darüber hinaus hat das Tagebuchschreiben mein Selbstbewusstsein gestärkt und mir ermöglicht, meine Motivationen und Reaktionen besser zu verstehen. Dieses gesteigerte Selbstbewusstsein hat meine Beziehungen und meine Entscheidungsfindung verbessert und mich in die Lage versetzt, ein erfüllteres Leben zu führen.

Reflektierendes Tagebuchschreiben in den Alltag integrieren

Das Tagebuchschreiben in meine Routine zu integrieren, erforderte Engagement und Experimentierfreude. Ich begann mit kurzen Einträgen und erweiterte diese allmählich, als sich die Gewohnheit einbürgerte. Die Wahl einer festen Zeit, z. B. vor dem Schlafengehen oder in einem ruhigen Moment am Morgen, und die Schaffung einer förderlichen Umgebung, z. B. eines bequemen Stuhls oder einer ruhigen Ecke, waren entscheidende Schritte, um diese Praxis zu etablieren. Mit der Zeit wurde das Tagebuchschreiben zu einem geschätzten Ritual, das inmitten der Hektik des Lebens einen Moment des Innehaltens und der Besinnung bot.

Für diejenigen, die sich auf diese Reise begeben, ist es wichtig, das Tagebuchschreiben mit Offenheit und Geduld anzugehen. Es gibt keine richtige oder falsche Art des Tagebuchschreibens; es ist entscheidend, eine Methode zu finden, die zu einem passt. Ob durch freies Schreiben, Aufforderungen oder strukturierte Formate, das Ziel ist es, einen Raum für ehrliche Reflexion und Wachstum zu schaffen.

Digital Detox

In unserer modernen, technologiegetriebenen Welt ist das Leuchten von Bildschirmen zu einem ständigen Begleiter geworden, besonders wenn der Tag zur Neige geht. Ich erinnere mich lebhaft an Abende, an denen das Licht meines Smartphones das Letzte war, was ich sah, bevor ich einschlief. Es war eine Routine, über die ich nicht zweimal nachdachte – bis ich begann, ihre subtile, aber tiefgreifende Auswirkung auf meine Ruhe und mein allgemeines Wohlbefinden zu bemerken. Wenn Sie dies lesen, haben Sie wahrscheinlich etwas Ähnliches erlebt.

Das abendliche Bildschirmritual

Wie bei vielen anderen auch, verbrachte ich meine Abende damit, durch soziale Medien zu scrollen, E-Mails zu lesen oder Videos anzusehen – alles bequem von meinem Bett aus. Es schien eine harmlose Art zu sein, sich nach einem langen Tag zu entspannen. Allerdings bekam ich unruhige Nächte, wachte weniger erholt auf und fühlte mich den ganzen Tag über allgemein müde. Das war zunächst rätselhaft, aber als ich mich näher damit befasste, entdeckte ich einen signifikanten Zusammenhang zwischen meinen Bildschirmgewohnheiten vor dem Schlafengehen und meiner Schlafqualität.

Blaulicht und seine Auswirkungen verstehen

Der Grund für meinen gestörten Schlaf war Blaulicht – hochenergetisches sichtbares Licht, das von Bildschirmen auf Smartphones, Tablets, Computern und sogar LED-Beleuchtung ausgestrahlt wird. Untersuchungen haben gezeigt, dass die Einwirkung von Blaulicht, insbesondere abends, die Produktion von Melatonin, dem Hormon, das für die Regulierung unseres Schlaf-Wach-Zyklus verantwortlich ist, beeinträchtigen kann. Diese Störung kann zu Einschlafschwierigkeiten und einer verminderten Schlafqualität führen.

Die Wissenschaft hinter der Störung

Unser Körper ist von Natur aus auf den Sonnenauf- und -untergang eingestellt, ein Rhythmus, der als zirkadianer Zyklus bekannt ist. Blaulicht in der Nacht kann die

Melatoninproduktion jedoch stärker unterdrücken als andere Lichtwellenlängen, was zu einem verzögerten Schlafbeginn und einer verminderten Schlafqualität führt.

Meine persönliche Reise zur digitalen Entgiftung

Als ich die Auswirkungen von blauem Licht auf meinen Schlaf erkannte, beschloss ich, etwas zu ändern. Ich begann damit, mir eine Regel zu setzen: mindestens eine Stunde vor dem Schlafengehen keine Bildschirme mehr. Anfangs war es eine Herausforderung. Der Drang, auf mein Handy zu schauen, war groß, und ich fühlte mich von meiner üblichen Abendroutine abgeschnitten. Doch als aus Tagen Wochen wurden, bemerkte ich einen bemerkenswerten Unterschied. Das Einschlafen fiel mir leichter, mein Schlaf fühlte sich tiefer an und ich wachte erfrischt auf.

Alternative Abendaktivitäten

Um die Lücke zu füllen, die die Bildschirme hinterlassen hatten, wandte ich mich Aktivitäten zu, die Entspannung ohne die negativen Auswirkungen von blauem Licht förderten. Das Lesen eines echten Buches wurde zu einem geschätzten Teil meines Abends. Ich habe auch das Tagebuchschreiben für mich entdeckt, das es mir ermöglichte, über meinen Tag nachzudenken und Vorsätze für den nächsten Tag zu fassen. Diese Aktivitäten verbesserten meinen Schlaf und bereicherten meine Abende mit einem Gefühl der Ruhe und Selbstbeobachtung.

Eine bildschirmfreie Schlafenszeitroutine schaffen

Die Einführung einer bildschirmfreien Schlafenszeitroutine wurde zu einem Eckpfeiler meines abendlichen Rituals. Ich legte eine feste Zeit fest, um mich von allen elektronischen Geräten zu trennen, dimmte das Licht in meinem Wohnraum und beschäftigte mich mit beruhigenden Aktivitäten. Diese Routine signalisierte meinem Körper, dass es Zeit war, sich zu entspannen, und erleichterte den Übergang in den Schlaf.

Der breitere Einfluss auf das Wohlbefinden

Die Vorteile einer Reduzierung der Bildschirmzeit am Abend gingen über einen besseren Schlaf hinaus. Mein allgemeiner Stresspegel sank und ich fühlte mich täglich präsenter. Die ständige Flut von Informationen und Reizen von Bildschirmen hatte zu einem Grundniveau an Angstzuständen beigetragen, das ich erst vollständig erkannt hatte, als es verschwunden war.

Praktische Tipps zur Reduzierung der Bildschirmzeit am Abend

Für diejenigen, die sich auf eine ähnliche Reise begeben möchten, sind hier einige Strategien, die für mich funktioniert haben:

- **Setzen Sie klare Grenzen:** Legen Sie jeden Abend eine bestimmte Zeit fest, zu der Sie alle Bildschirme ausschalten, und halten Sie sich daran.

- **Schaffen Sie eine entspannende Umgebung:** Dimmen Sie das Licht, spielen Sie leise Musik oder nutzen Sie Aromatherapie, um Ihrem Körper zu signalisieren, dass es Zeit zum Entspannen ist.

- **Nehmen Sie an beruhigenden Aktivitäten teil:** Lesen Sie ein Buch, machen Sie sanfte Dehnübungen oder meditieren Sie, um Ihren Geist und Körper auf den Schlaf vorzubereiten.

- **Setzen Sie Technologie mit Bedacht ein:** Wenn Sie abends Bildschirme verwenden müssen, sollten Sie Blaulichtfilter oder Apps in Betracht ziehen, die das von Ihren Geräten ausgestrahlte Licht anpassen.

Über die Reise nachdenken

Rückblickend hat die Umsetzung einer digitalen Entgiftung vor dem Schlafengehen wirklich etwas verändert. Es erforderte Disziplin und die Bereitschaft, tief verwurzelte Gewohnheiten zu ändern, aber die Belohnungen waren die Mühe wert. Besserer Schlaf, weniger Stress und mehr Wohlbefinden wurden zu meiner neuen Norm. Bei dieser Reise geht es nicht nur darum, den Schlaf zu verbessern, sondern auch darum, Ihre Beziehung zur Technologie und Ihr Wohlbefinden zu verändern.

Ermutigung für andere

Wenn Sie mit Schlafproblemen zu kämpfen haben oder sich ständig müde fühlen, sollten Sie Ihre abendlichen Bildschirmgewohnheiten überprüfen. Kleine Änderungen, wie das Festlegen einer Bildschirm-Ausgehsperre oder das Ersetzen digitaler Aktivitäten durch beruhigendere Alternativen, können Ihre Lebensqualität erheblich verbessern. Denken Sie daran, dass es nicht darum geht, Technologie zu eliminieren, sondern sie achtsam zu nutzen und Raum für Ruhe und Erholung zu schaffen.

Entspannungstechniken

Im unerbittlichen Tempo des modernen Lebens ist es unerlässlich, wirksame Wege zu finden, um sich zu entspannen und auf einen erholsamen Schlaf vorzubereiten. Zwei Praktiken, die meine nächtliche Routine tiefgreifend beeinflusst haben, sind progressive Muskelentspannung und Lesen. Diese Aktivitäten helfen mir, mich von den Anforderungen des Tages zu erholen und mein Wohlbefinden zu steigern.

Progressive Muskelentspannung: Ein Weg zu körperlicher und geistiger Ruhe

Ich habe die progressive Muskelentspannung (PMR) zum ersten Mal in einer besonders stressigen Zeit kennengelernt. Bei dieser Technik werden verschiedene Muskelgruppen systematisch angespannt und entspannt, wodurch eine tiefe Entspannung gefördert wird. Die PMR wurde Anfang des 20. Jahrhunderts von Dr. Edmund Jacobson entwickelt und basiert auf der Prämisse, dass geistige Ruhe eng mit körperlicher Entspannung verbunden ist.

Die Integration von PMR in meine nächtliche Routine war geradezu transformativ. Jede Sitzung beginnt mit tiefem Atmen, wobei ich mich auf bestimmte Muskelgruppen konzentriere – von den Zehen bis zur Stirn. Indem ich jede Gruppe für ein paar Sekunden anspanne und dann wieder entspanne, werde ich mir des Kontrasts zwischen Anspannung und Entspannung sehr bewusst. Dieses gesteigerte Bewusstsein hilft mir, stressbedingte Muskelverspannungen zu erkennen und zu lindern, und bietet mir angesichts des täglichen Stresses einen Hoffnungsschimmer.

Die Vorteile von PMR sind nicht nur unmittelbar, sondern auch langfristig. Regelmäßiges Üben reduziert nachweislich Angstzustände, verbessert die Schlafqualität und lindert sogar chronische Schmerzen. Diese Gewissheit langfristiger Vorteile kann zu einem Engagement für die Praxis anregen.

Die größte Veränderung für mich war die Verbesserung meiner Schlafmuster. Die Anwendung von PMR vor dem Schlafengehen beruhigt meinen Geist und bereitet meinen Körper auf die Ruhe vor, was zu einem erholsameren Schlaf führt.

Lesen: Ein Tor zur mentalen Entspannung

Lesen war schon immer eine meiner Lieblingsbeschäftigungen, aber seine Rolle in meiner abendlichen Routine hat an Bedeutung gewonnen. Wenn ich in ein gutes Buch eintauche, kann ich dem Stress des Tages entfliehen und in verschiedene Welten und Perspektiven eintauchen. Diese mentale Veränderung ist nicht nur angenehm, sondern auch förderlich für die Entspannung.

Die Forschung bestätigt die beruhigende Wirkung des Lesens. Eine Studie der University of Sussex ergab, dass Lesen den Stresspegel um bis zu 68 % senken kann und damit andere Entspannungsmethoden wie Musik hören oder Spazierengehen übertrifft.

Dies wird auf die geistige Beschäftigung und Ablenkung zurückgeführt, die das Lesen bietet und die es dem Geist ermöglicht, sich von den täglichen Sorgen abzulenken.

Die Wahl des richtigen Materials ist entscheidend. Abends greife ich gerne zu Belletristik oder leichter Sachliteratur, da diese Genres mir helfen, mich zu entspannen, ohne meinen Geist zu sehr zu stimulieren. Die Einführung einer bildschirmfreien Lesezeit vor dem Schlafengehen hat auch meine Schlafqualität verbessert. Das Fehlen von blauem Licht von elektronischen Geräten, das die Melatoninproduktion stören kann, ermöglicht einen natürlicheren Übergang in den Schlaf.

Entspannungstechniken in den Alltag integrieren

Die Kombination von PMR und Lesen hat einen ganzheitlichen Ansatz zur Entspannung geschaffen. Die Anwendung von PMR wirkt gegen körperliche Anspannung, während das Lesen für geistige Entspannung sorgt. Zusammen bilden sie ein starkes Duo, das mein allgemeines Wohlbefinden steigert.

Beginnen wir mit kurzen, überschaubaren Sitzungen für diejenigen, die diese Praktiken in ihren Alltag integrieren möchten. Eine 10-minütige PMR-Übung kann ein guter Ausgangspunkt sein, die man allmählich steigern kann, wenn man sich wohler fühlt. Ebenso kann es eine beruhigende Routine sein, sich vor dem Schlafengehen 15 bis 20 Minuten zum Lesen Zeit zu nehmen.

Es ist wichtig zu wissen, dass Beständigkeit und Individualisierung entscheidend sind. Wenn Sie diese Aktivitäten zu einem festen Bestandteil Ihres Abends machen, können sie mit der Zeit zu größeren Vorteilen führen. Wenn Sie diese Praktiken an Ihre Vorlieben und Ihren Lebensstil anpassen, werden sie angenehmer und Sie können die Kontrolle über Ihre Entspannungsroutine übernehmen.

Chapter 6
Widerstandsfähigkeit durch Gewohnheiten aufbauen

Herausforderungen annehmen

Herausforderungen anzunehmen und aus Rückschlägen zu lernen, ist für die persönliche Weiterentwicklung und Resilienz von entscheidender Bedeutung. Im Mittelpunkt dieses Ansatzes steht die Förderung einer Wachstumsmentalität, ein Konzept, das von der Psychologin Carol Dweck umfassend erforscht wurde. Eine Wachstumsmentalität geht davon aus, dass Fähigkeiten und Intelligenz durch Engagement und harte Arbeit entwickelt werden können, im Gegensatz zu einer festen Einstellung, die diese Eigenschaften als statisch und unveränderlich betrachtet.

Menschen mit einer wachstumsorientierten Denkweise nehmen Herausforderungen als Chance wahr, ihre Fähigkeiten zu verbessern. Sie verstehen, dass Anstrengung und Ausdauer für die Bewältigung unerlässlich sind. Diese bestärkende Perspektive fördert die Liebe zum Lernen und die Widerstandsfähigkeit, die für bedeutende Leistungen unerlässlich ist. Umgekehrt meiden Menschen mit einer starren Denkweise möglicherweise Herausforderungen, fürchten das Scheitern und glauben, dass dies auf einen Mangel an angeborenen Fähigkeiten hindeutet.

Untersuchungen zeigen, dass eine wachstumsorientierte Denkweise zu mehr Erfolg führen kann. Studien haben gezeigt, dass Schüler, die glauben, dass ihre Intelligenz entwickelt werden kann, bessere Noten erzielen und motivierter sind zu lernen. Mitarbeiter mit einer wachstumsorientierten Denkweise nehmen Herausforderungen eher an, halten bei Rückschlägen durch und sehen Misserfolge als Lernmöglichkeit.

Aus Rückschlägen zu lernen ist ein wesentlicher Bestandteil der Wachstumsphilosophie. Misserfolge werden nicht als Spiegelbild der eigenen Fähigkeiten, sondern als wertvolles Feedback zur Verbesserung angesehen. Dieser Ansatz ermutigt den Einzelnen, seine Fehler zu analysieren, zu verstehen, was schiefgelaufen ist, und diese Lektionen auf zukünftige Unternehmungen anzuwenden, wodurch ein Gefühl des Optimismus in Bezug auf das Potenzial für Wachstum und Verbesserung gefördert wird.

Es ist jedoch wichtig zu wissen, dass das Lernen aus Fehlern nicht immer einfach ist. Einige Studien deuten darauf hin, dass Menschen weniger aus Misserfolgen als aus Erfolgen lernen, da Misserfolge das Selbstvertrauen und die Motivation untergraben können. Daher ist es wichtig, Rückschläge konstruktiv anzugehen und sie als Teil des Lernprozesses zu betrachten und nicht als endgültige Beurteilung der eigenen Fähigkeiten. Diese Denkweise fördert die Widerstandsfähigkeit und Anpassungsfähigkeit.

Die Förderung einer Wachstumsmentalität ist jedoch mehr als eine einsame Reise. Oftmals ist die Unterstützung und Anleitung von Mentoren, Lehrern und Gleichaltrigen erforderlich. Diese Personen können wertvolles Feedback geben, ihre Erfahrungen teilen und Sie dazu inspirieren, Ihre Grenzen zu erweitern. Wenn Sie sich mit einer unterstützenden und wachstumsorientierten Gemeinschaft umgeben, können Sie Ihre Belastbarkeit, Motivation und Ihren Gesamterfolg steigern.

Stressbewältigung

Stress war unzählige Male ein ungebetener Gast in meinem Leben, oft zu den unpassendsten Momenten. Mit der Zeit habe ich jedoch verstanden, dass er nicht als Dauergast, sondern als vorübergehender Besucher auftritt – einer, mit dem ich lernen konnte, umzugehen und den ich vorhersehen konnte. Das Schreiben dieses Abschnitts fühlt sich sehr persönlich an, denn der Umgang mit Stress war und ist ein Eckpfeiler auf meinem Weg zu einem fokussierteren und erfüllteren Leben.

Stressauslöser erkennen

Stress kam oft wie ein Uhrwerk, wenn ich enge Fristen einhalten musste oder mein Terminkalender überfüllt war. Der Druck stieg durch die Arbeitsbelastung und die Geschichten, die ich mir selbst erzählte: *Was ist, wenn ich versage? Was ist, wenn ich nicht liefern kann?* Diese Momente fühlten sich wie ein wirbelnder Sturm an, in dem es unmöglich schien, die Auslöser zu identifizieren, weil ich mich mitten im Auge des Sturms befand. Ich konnte nicht genau sagen, was mich aus der Ruhe brachte, bis ich anfing, ein Tagebuch zu führen – ein ehrlicher Dialog mit mir selbst.

Ich lernte, dass Stressauslöser sowohl äußerlich sein können, wie z. B. Arbeitsfristen oder zwischenmenschliche Konflikte, als auch innerlich, wie z. B. selbst auferlegte Erwartungen oder negative Denkmuster. So stellte ich beispielsweise fest, dass selbst scheinbar geringfügige Ablenkungen, wie ständige Benachrichtigungen auf meinem Handy, eine bedeutende Rolle bei der Verstärkung meines Stresses spielten. Jedes Klingeln unterbrach meinen Arbeitsfluss, lenkte mich von meinen Aufgaben ab und führte dazu, dass ich mich zerstreut fühlte.

Es hat eine Weile gedauert, bis ich diese Muster erkannt habe. Ich habe über Tage nachgedacht, an denen ich mich besonders überfordert gefühlt habe, und die Ereignisse notiert, die zu diesen Gefühlen geführt haben. Langsam wurden die Auslöser klar: zu viele Projekte gleichzeitig, fehlende Abgrenzung zu anderen und die Unfähigkeit, Nein zu sagen. Diese Auslöser zu verstehen, war eine große Erleichterung – nicht, weil sie über Nacht verschwunden sind, sondern weil sie durch das Benennen einen Teil ihrer Macht verloren haben.

Untersuchungen bestätigen dies. Studien von Organisationen wie der American Psychological Association betonen, dass die Identifizierung von Stressoren ein grundlegender Schritt für einen effektiven Umgang mit Stress ist. Wir können Brücken zum Gleichgewicht bauen, wenn wir wissen, was uns aus der Bahn wirft.

Schnelle Techniken zum Stressabbau anwenden

Nachdem ich meine Auslöser benannt hatte, bestand die nächste Herausforderung darin, zu lernen, wie ich im Moment mit Stress umgehen kann. Ich erinnere mich lebhaft an einen besonders stressigen Abend. Ich hatte zu viele Fristen gesetzt und das Gewicht der unerledigten Aufgaben war erdrückend. Mein Herz raste und meine Gedanken schossen mir durch den Kopf. Ich erinnerte mich an eine einfache Technik, über die ich gelesen hatte: progressive Muskelentspannung.

Ich schloss meinen Laptop, setzte mich auf die Stuhlkante und begann. Ich begann mit meinen Zehen, spannte sie für ein paar Sekunden an und ließ sie dann wieder los. Dann meine Waden, Oberschenkel und so weiter, bis hin zu meinem Nacken und Gesicht. Es war erstaunlich, wie etwas so Einfaches mich wieder in einen Zustand der Ruhe versetzen konnte. Mein Körper fühlte sich leichter und mein Geist klarer an. Es war kein Allheilmittel, aber es schuf den Raum, den ich brauchte, um über meine nächsten Schritte nachzudenken.

Atemübungen wurden zu einer weiteren Rettungsleine. An besonders überwältigenden Tagen hielt ich inne und übte eine tiefe Zwerchfellatmung: vier Sekunden einatmen, sieben Sekunden anhalten und acht Sekunden ausatmen. Es schien fast zu einfach zu funktionieren, aber es verlangsamte meinen rasenden Herzschlag und beruhigte meinen überaktiven Geist. Die Wissenschaft unterstützt dies und zeigt, dass solche Atemtechniken das parasympathische Nervensystem aktivieren, was dabei hilft, der Stressreaktion entgegenzuwirken.

Es gab auch Momente, in denen ich mich komplett zurückziehen musste. Ein kurzer Spaziergang im Freien, und sei es nur für zehn Minuten, wirkte Wunder. In der Natur zu sein – oder auch nur die Sonne auf meinem Gesicht zu spüren – half mir, mich zu erden. Es erinnerte mich daran, dass sich die Welt immer noch dreht und dass mein Stress nicht das Zentrum des Universums ist. Es war eine demütigende und heilende Perspektive.

An Tagen, an denen der Stress hartnäckig war, wandte ich mich Achtsamkeitspraktiken zu. Dabei handelte es sich nicht um ausgefeilte Meditationen, sondern um kleine, bewusste Momente der Aufmerksamkeit. Ich konzentrierte mich auf die Textur meiner Kaffeetasse, die Vögel draußen oder den Rhythmus meiner Schritte beim Gehen. Es ging darum, in die Gegenwart zurückzukehren und mich zu verankern, wenn die Stresswellen mich unter sich zu ziehen drohten.

Stressbewältigung zur Gewohnheit machen

Der Schlüssel zum Stressmanagement bestand nicht nur darin, diese Techniken sporadisch anzuwenden und in meinen Tagesablauf zu integrieren. Mir wurde klar, dass es so ist, als würde man versuchen, ein undichtes Dach mitten im Sturm zu reparieren, wenn man wartet, bis man vom Stress überwältigt ist. Ich musste proaktiv handeln.

Ich habe klein angefangen. Jeden Morgen nahm ich mir ein paar Minuten Zeit, um meine Absichten für den Tag festzulegen und zu entscheiden, was wirklich meine Energie erforderte und was warten konnte. Auf diese Weise konnte ich die Kontrolle übernehmen und nicht zulassen, dass der Tag meinen Gemütszustand diktierte. Abends dachte ich über den Tag nach und erkannte an, was gut gelaufen war und was verbessert werden konnte. Diese Reflexionspraxis wurde zu einem Puffer gegen zukünftige Stressfaktoren.

Auch das Feiern kleiner Erfolge wurde zu einem Eckpfeiler meines Ansatzes. Es war bereits ein Erfolg, wenn ich es schaffte, in einem stressigen Moment innezuhalten und drei Mal tief durchzuatmen. Wenn ich einen Auslöser bemerkte, bevor er in eine Überforderungsspirale mündete, war das ein Fortschritt. Diese kleinen Anerkennungen hielten mich motiviert und erinnerten mich daran, dass Stressbewältigung eine Reise und kein Ziel ist.

Stärke in der Verletzlichkeit finden

Die vielleicht transformativste Lektion im Umgang mit Stress war, um Hilfe zu bitten. Jahrelang betrachtete ich Stress als etwas, mit dem ich allein fertig werden musste, als einen persönlichen Kampf, den ich nicht mit anderen teilen konnte. Doch als ich mich an einen Freund, einen Mentor oder einen Therapeuten wandte, lernte ich, dass Verletzlichkeit keine Schwäche ist. Sie ist eine Stärke. Das Mitteilen meiner Probleme führte oft zu Lösungen, an die ich nicht gedacht hatte, und erinnerte mich daran, dass ich nicht allein war.

Stress wird immer ein Teil des Lebens sein, aber er muss es nicht definieren. Wir können Auslöser mit Anmut und Resilienz bewältigen, indem wir sie identifizieren und uns mit praktischen Werkzeugen ausstatten. Auf dieser Reise ging es um mehr als nur um Stressabbau; es ging darum, meinen Frieden zurückzugewinnen, einen achtsamen Moment nach dem anderen.

Geduld und Beharrlichkeit kultivieren

Geduld und Beharrlichkeit zu entwickeln, ist auf dem Weg der persönlichen Entwicklung von entscheidender Bedeutung. Diese Eigenschaften sind die Grundlage für die Bildung dauerhafter Gewohnheiten und das Erreichen bedeutender Ziele. Wir können Wachstumsprobleme mit Resilienz und Optimismus bewältigen, indem wir uns konsequent anstrengen und kleine Siege feiern.

Die Rolle der Beständigkeit bei der Gewohnheitsbildung

Beständigkeit ist der Grundstein für die Gewohnheitsbildung. Regelmäßiges Ausüben einer Verhaltensweise stärkt die Nervenbahnen im Gehirn und führt dazu, dass die Handlung mit der Zeit automatischer wird. Dieser als Gewohnheitsschleife bekannte Prozess ist ein Zyklus, der mit einem Hinweis beginnt (einem Auslöser, der Ihrem Gehirn mitteilt, in den Automatikmodus zu wechseln und welche Gewohnheit anzuwenden ist), gefolgt von der Routine (dem Verhalten selbst) und endet mit der Belohnung (dem Nutzen, den Sie aus dem Verhalten ziehen). Durch die konsequente Befolgung dieses Kreislaufs werden Verhaltensweisen verinnerlicht, wodurch der mentale Aufwand für ihre Ausführung reduziert wird.

Nehmen wir zum Beispiel die Praxis des täglichen Trainings. Anfangs kann es eine erhebliche Motivation und Planung erfordern. Durch konsequente Wiederholung wird es jedoch zu einem natürlichen Bestandteil der täglichen Routine, der weniger bewusste Anstrengung erfordert. Diese Umwandlung von absichtlichem Handeln in eine automatische Gewohnheit unterstreicht die Kraft der Beständigkeit.

Kleine Siege feiern, um motiviert zu bleiben

Das Anerkennen und Feiern kleiner Erfolge ist nicht nur eine Formalität, sondern ein wirksames Mittel, um motiviert zu bleiben. Das Erkennen dieser Meilensteine löst das Belohnungssystem des Gehirns aus, setzt Dopamin frei und verstärkt positives Verhalten. Dieser Prozess fördert ein tiefes Gefühl der Erfüllung und des Fortschritts, steigert Ihre Selbstwirksamkeit und Ihr Selbstwertgefühl und befähigt Sie letztendlich, weiter voranzukommen.

Wenn Sie beispielsweise vorhaben, ein Buch zu schreiben, kann die Feier des Abschlusses jedes Kapitels die nötige Motivation für die Fortsetzung liefern. Diese Feiern müssen nicht groß sein; selbst einfache Anerkennungen wie sich einen Lieblingssnack zu gönnen, eine kurze Pause einzulegen oder den Fortschritt mit einem Freund zu teilen, können die Motivation erheblich steigern.

Persönliche Überlegungen zu Geduld und Ausdauer

Wenn ich an meine eigenen Erfahrungen zurückdenke, erinnere ich mich an eine Zeit, in der ich mir vorgenommen hatte, eine tägliche Meditationspraxis zu entwickeln. Anfangs hatte ich Schwierigkeiten, konsequent zu sein, ließ oft Tage aus und war entmutigt. Nach und nach habe ich mir jedoch eine nachhaltige Gewohnheit angeeignet, indem ich mir ein bescheidenes Ziel von fünf Minuten pro Tag gesetzt habe und jede Woche, in der ich mich daran gehalten habe, gefeiert habe. Diese Reise hat mich den Wert von Geduld und die Kraft, kleine Erfolge anzuerkennen, gelehrt. Sie hat mir auch klar gemacht, dass Rückschläge keine Misserfolge sind, sondern Gelegenheiten, zu lernen und zu wachsen.

Strategien zur Kultivierung von Geduld und Beharrlichkeit

1. **Setzen Sie sich realistische Ziele:** Beginnen Sie mit erreichbaren Zielen, um Selbstvertrauen und Schwung aufzubauen.

2. **Etablieren Sie eine Routine:** Beständigkeit wird durch die Integration neuer Gewohnheiten in bestehende Routinen erleichtert.

3. **Überwachen Sie den Fortschritt:** Das Führen eines Tagebuchs oder die Verwendung von Tracking-Apps kann den Fortschritt visuell belegen und das En-

gagement stärken.

4. **Selbstmitgefühl zu üben ist eine Schlüsselstrategie auf Ihrem Weg der persönlichen Entwicklung.** Es ist wichtig zu erkennen, dass Rückschläge ein natürlicher Bestandteil des Wachstums sind, und sie als Lernmöglichkeiten zu nutzen. Dieser Ansatz fördert nicht nur die Resilienz, sondern verbessert auch Ihr Selbstbewusstsein und hilft Ihnen, Herausforderungen mit einer ausgewogenen Perspektive zu meistern.

5. **Denken Sie daran, dass Sie diesen Weg nicht allein gehen müssen. Wenn Sie** Unterstützung von einer Gemeinschaft oder einem Partner suchen, der Ihnen Rechenschaft abverlangt, können Sie die Ermutigung und die gemeinsamen Erfahrungen erhalten, die Sie benötigen. Dieses Gefühl der Verbundenheit und Bestätigung kann ein starker Motivator auf Ihrem persönlichen Entwicklungsweg sein.

Chapter 7
Soziale Gewohnheiten für mehr Konzentration

Effektive Kommunikation

KOMMUNIKATION IST DAS LEBENSELIXIER von Beziehungen – ob persönlich oder beruflich – und die Art und Weise, wie wir kommunizieren, hat einen großen Einfluss darauf, wie andere uns wahrnehmen, wie Konflikte gelöst werden und wie gut wir uns auf unsere Ziele konzentrieren können. Für mich war das Erlernen praktischer Kommunikationsfähigkeiten eine Reise. Es erfordert Versuch und Irrtum, Verletzlichkeit und die Offenheit, mich selbst und die Menschen um mich herum zu verstehen. Zwei Aspekte sind auf dieser Reise transformativ: aktives Zuhören und das Setzen von Grenzen. Beide sind trügerisch einfach, aber zutiefst herausfordernd, und ihre Beherrschung hat meine Konzentration und die Förderung sinnvollerer Interaktionen grundlegend verändert.

Aktives Zuhören: Die Kunst, präsent zu sein

Ich dachte immer, ich wäre eine gute Zuhörerin. Schließlich nickte ich im richtigen Moment, gab auf Nachfrage Ratschläge und erinnerte mich an Details aus früheren Gesprächen. Eines Tages jedoch, während eines hitzigen Gesprächs mit einer engen Freundin, brach sie mitten im Satz ab, sah mir in die Augen und sagte: „Du hörst mir nicht zu." Dieser Moment traf mich hart, denn sie hatte recht. Ich war nicht wirklich präsent. Ich formulierte meine Antwort, während sie sprach, und wartete darauf, dass ich an der Reihe war, anstatt ihre Worte zu absorbieren.

Aktives Zuhören ist mehr als nur das Hören von Worten; es geht darum, sich voll und ganz auf den Moment einzulassen. Es bedeutete, Ablenkungen wie mein Handy oder abschweifende Gedanken beiseite zu lassen und sich ganz auf den Sprecher zu konzentrieren. Ich begann, dies absichtlich während Gesprächen zu üben, und die Ergebnisse waren bemerkenswert. Die Leute bemerkten es. Sie öffneten sich mehr, fühlten sich verstanden und bemerkten oft, wie präsent ich wirkte.

Die Wirkung war nicht nur äußerlich, sondern auch bei mir selbst spürbar. Wenn ich wirklich zuhörte, fühlte ich mich verbundener und weniger ängstlich, und ich lernte sogar neue Dinge über Menschen, die ich dachte, gut zu kennen. Aktives Zuhören wurde für mich zu einer Form der Achtsamkeit – eine Gelegenheit, aus meinem Kopf herauszutreten und in die Welt eines anderen einzutauchen, wenn auch nur für einen Moment.

Studien bestätigen diese transformative Kraft. Untersuchungen der International Listening Association zeigen, dass aktives Zuhören Vertrauen fördert und Missverständnisse reduziert. Es ist eine Fähigkeit, die Übung erfordert, aber die Mühe lohnt sich. Einfache Techniken, wie das Paraphrasieren dessen, was die andere Person gesagt hat, oder das Stellen klärender Fragen, haben mir geholfen, aufmerksam zu bleiben. Wenn meine Gedanken abschweiften, erinnerte ich mich daran: *Dieser Moment ist entscheidend. Sei präsent.*

Schützen Sie Ihre Zeit mit Grenzen

Wenn es beim aktiven Zuhören darum geht, für andere da zu sein, geht es beim Setzen von Grenzen darum, für sich selbst da zu sein. Jahrelang fiel es mir schwer, Nein zu sagen. Ich übernahm zu viele Verpflichtungen, stimmte jeder Bitte um Hilfe, jeder Einladung und jedem Treffen zu und dachte, ich wäre hilfsbereit oder freundlich. Das Ergebnis war jedoch vorhersehbar: Burnout und Missgunst. Meine Projekte, Prioritäten und meine psychische Gesundheit wurden ständig für die Bedürfnisse anderer zurückgestellt.

Als mir klar wurde, dass sich etwas ändern musste, kam es zum Eklat: Ich verpasste eine wichtige Frist für ein persönliches Projekt, weil ich mich bereit erklärt hatte, noch eine weitere „dringende" Aufgabe bei der Arbeit zu übernehmen. Ich setzte mir Grenzen und fühlte mich zunächst unwohl dabei. Ich hatte Angst, unhöflich oder wenig hilfsbereit zu wirken. Ich wusste jedoch auch, dass mein Fokus und mein Wohlbefinden ohne Grenzen weiterhin leiden würden. Als ich begann, meine Grenzen zu setzen und durchzusetzen, hatte ich das Gefühl, meine Zeit und Energie besser im Griff zu haben und weniger den Anforderungen anderer ausgeliefert zu sein. Dieses Gefühl der Kontrolle und Selbstbestimmung hat mein Leben grundlegend verändert.

Ich habe klein angefangen. Anstatt sofort zuzusagen, erlaubte ich mir, eine Pause einzulegen. Ich sagte: „Lassen Sie mich darüber nachdenken und mich dann bei Ihnen melden." Diese einfache Änderung ermöglichte es mir zu beurteilen, ob die Anfrage mit meinen Prioritäten übereinstimmte. Oft stellte ich fest, dass dies nicht der Fall war. Wenn ich etwas ablehnte, tat ich dies mit Freundlichkeit und erklärte meine Gründe, ohne mich zu sehr zu entschuldigen. „Ich würde gerne helfen, aber ich konzentriere mich derzeit auf ein anderes Projekt und kann im Moment nicht noch mehr übernehmen", wurde zu meiner Standardantwort.

Eine der schwierigsten Grenzen, die ich mir gesetzt habe, betraf meine Fokuszeit. Ich legte bestimmte Stunden des Tages als nicht verhandelbare ‚Deep-Work'-Zeiten fest und teilte dies meinen Kollegen und Angehörigen klar mit. Während dieser Zeiten schaltete ich Benachrichtigungen aus, schloss meine Tür und verpflichtete mich, mich nicht ablenken zu lassen. Anfangs stießen meine Bemühungen auf Widerstand. „Kannst du nicht wenigstens diese eine Frage beantworten?" oder „So beschäftigt kannst du doch gar nicht sein, oder?" Doch als ich konsequent blieb, begannen sie, meine Grenzen zu respektieren. Noch wichtiger war, dass ich begann, meine eigene Zeit zu respektieren.

Bei Grenzen geht es nicht nur darum, Nein zu sagen; es geht darum, Ja zu dem zu sagen, was wirklich wichtig ist. Sie schaffen die notwendige Struktur, um erfolgreich zu sein, und erinnern uns daran, dass unsere Zeit und Energie begrenzte Ressourcen sind. Für mich war das Setzen von Grenzen ein Akt der Selbstachtung und eine Erinnerung daran, dass ich nicht alles tun muss. Indem ich gelernt habe, Nein zu sagen zu dem, was nicht mit meinen Prioritäten übereinstimmt, konnte ich ein deutlicheres Ja zu dem sagen, was mir wirklich wichtig ist, und so ein Gefühl von Ausgeglichenheit und Erfüllung in meinem Leben schaffen. Dieses Gefühl von Ausgeglichenheit und Erfüllung hat mir tiefen Frieden in mein Leben gebracht.

Die Schnittstelle von Kommunikation und Fokus

Was mich am meisten überraschte, als ich meine Kommunikationsfähigkeiten verbesserte, war, wie sehr sie meine Konzentration verbesserten. Durch aktives Zuhören lernte ich, präsent zu sein, eine Fähigkeit, die sich auf meine Arbeit und meine persönlichen Projekte übertrug. Ich war weniger anfällig für Multitasking und konzentrierte mich mehr auf die Aufgabe. Das Setzen von Grenzen schuf den mentalen und physischen Raum, den ich brauchte, um mich voll und ganz zu konzentrieren und neue Energie zu tanken.

Diese Fähigkeiten haben auch meine Beziehungen neu gestaltet. Freunde, Familie und Kollegen begannen, die Veränderungen zu bemerken. Sie bemerkten, wie aufmerksam ich wirkte und wie sich meine Konzentration auf Gespräche in meiner Konzentration auf meine Arbeit widerspiegelte. Durch aktives Zuhören konnte ich beispielsweise die Anliegen meines Teams besser verstehen, was zu einer effektiveren Problemlösung führte. In meinem Privatleben ermöglichte es mir das Setzen von Grenzen, wertvolle Zeit mit meinen Liebsten zu verbringen, ohne mich überfordert zu fühlen. Ich fand ein nachhaltiges und lohnendes Gleichgewicht, indem ich effektiver Kommunikation und meinen Bedürfnissen Priorität einräumte.

Dieser Weg war herausfordernd. Manchmal verfalle ich in alte Gewohnheiten – ich höre bei einem Gespräch nur halb zu oder übernehme zu viele Aufgaben. Ich habe jedoch gelernt, diese Muster zu erkennen und den Kurs zu korrigieren. Jedes Mal, wenn ich mich dabei ertappe, wie ich abgleite, erinnert es mich daran, wie weit ich gekommen bin und wie sehr ich mich weiterentwickelt habe. Fortschritt, nicht Perfektion, ist das Ziel, und jeder Schritt nach vorne ist ein Sieg. Dieses Gefühl von Wachstum und Fortschritt hat meinen Weg mit Optimismus und Hoffnung erfüllt.

Effektive Kommunikation ist eine Fähigkeit, die man ein Leben lang braucht und die sich mit uns weiterentwickelt. Es ging um mehr als nur darum, Gespräche zu verbessern oder Zeit zu managen; es ging darum, ein Leben zu schaffen, in dem ich tief mit anderen in Kontakt treten kann, während ich mir selbst treu bleibe. Es geht darum, präsent zu sein, Grenzen zu setzen und in einer lauten Welt den Fokus zu finden. Darüber hinaus ist das etwas, wonach man streben sollte.

Netzwerken und Zusammenarbeit

Wenn ich über die prägendsten Phasen meines Lebens nachdenke, taucht ein roter Faden auf: Menschen. Die Beziehungen, die ich gepflegt habe, und die Verbindungen, die ich geknüpft habe, haben mich zu dem gemacht, was ich bin, und mich zu Zielen angetrieben, die ich allein vielleicht nicht erreicht hätte. Networking und Zusammenarbeit, einst abstrakte Konzepte, sind zu den Säulen meiner Reise geworden und halten mich fokussiert, produktiv und erfüllt. Diese Erkenntnis sollte Sie, den Leser, dazu inspirieren, die transformative Kraft von Beziehungen in Ihrem eigenen Leben zu schätzen.

Eine der wichtigsten Lektionen, die ich gelernt habe, ist die Wirkung einer unterstützenden Beziehung. Es war während eines Projekts, für das ich mich sehr begeisterte, das mich aber allmählich zu überfordern begann. Ein Freund schaltete sich ein, nicht mit Lösungen, sondern mit Ermutigung und Verantwortlichkeit. Er ließ mich keine Ausreden vorbringen, sondern erinnerte mich stattdessen an meine Fähigkeiten und die

Gründe, warum ich überhaupt damit angefangen hatte. Diese Erfahrung hat mir gezeigt, dass die richtigen Menschen in Ihrem Leben den Unterschied zwischen Aufgeben und Durchsetzen ausmachen können und Sie dazu befähigen, selbst die größten Herausforderungen zu meistern.

Aufbau unterstützender Beziehungen: Mehr als nur Networking

Wenn wir „Networking" hören, stellen wir uns oft unangenehme Cocktailpartys oder übermäßig formelle LinkedIn-Nachrichten vor. Echtes Networking ist jedoch weit davon entfernt. Im Kern geht es darum, Beziehungen zu Menschen aufzubauen, die Sie inspirieren, herausfordern und aufbauen.

Für mich begann es damit, dass ich meine Denkweise änderte. Ich hörte auf, auf Menschen mit der Frage zuzugehen: „Was kann ich von ihnen gewinnen?" Stattdessen konzentrierte ich mich darauf, wie ich ihr Leben bereichern könnte. Das war nicht immer einfach – vor allem in beruflichen Situationen, in denen viel auf dem Spiel steht –, aber dadurch wurden meine Kontakte authentischer, und Authentizität wirkt anziehend.

Einer meiner wirkungsvollsten Schritte war der Beitritt zu Gemeinschaften, die meinen Interessen und Zielen entsprachen. Ob es sich um ein Online-Forum für Produktivitätsbegeisterte, einen örtlichen Kunstkurs oder eine professionelle Meetup-Gruppe handelte, diese Räume brachten mich mit Gleichgesinnten zusammen. Mich mit Menschen zu umgeben, die ähnliche Ziele verfolgten, hielt mich motiviert und brachte neue Ideen und Perspektiven hervor.

Unterstützende Beziehungen sind keine Einbahnstraße. Das habe ich gelernt, als eine Kollegin mich um Feedback zu einem Projekt bat. Obwohl ich viel zu tun hatte, nahm ich mir Zeit für sie. Monate später, als ich bei einer ähnlichen Herausforderung Rat brauchte, war sie die Erste, die mir half. Diese Erfahrung hat mir den Wert der Gegenseitigkeit in Beziehungen vor Augen geführt. Je mehr man gibt, desto mehr erhält man – konkrete Hilfe, Vertrauen und gegenseitigen Respekt. Dieses Verständnis sollte Ihnen, dem Leser, den Wert des Gebens und Nehmens von Unterstützung in Ihren Beziehungen vor Augen führen.

Gruppenverantwortung nutzen: Gemeinsam sind wir stark

Wenn es darum geht, Gewohnheiten zu entwickeln, ist Beständigkeit das Geheimnis. Aber seien wir ehrlich: Beständig zu bleiben ist schwer, vor allem, wenn niemand zuschaut. Hier kommen Rechenschaftsgruppen ins Spiel. Ich bin fast zufällig in meine erste Rechenschaftsgruppe gestolpert. Ein Freund lud mich zu einem wöchentlichen Zoom-Anruf mit anderen ein, die an persönlichen Zielen arbeiteten. Die Regeln waren einfach: Teilen Sie Ihre Fortschritte mit, skizzieren Sie Ihre nächsten Schritte und verpflichten Sie sich, in der folgenden Woche dabei zu sein.

Was mir sofort auffiel, war die Kraft, die darin lag, meine Absichten in Worte zu fassen. Wenn man laut sagt: „Ich werde dieses Kapitel bis nächste Woche abschließen", fühlt sich das Versprechen echt an. Ich wollte weder mich selbst noch die Gruppe im Stich lassen. Darüber hinaus ging es nicht nur um Rechenschaftspflicht. Die Gruppe feierte jeden kleinen Erfolg, bot Unterstützung an, wenn jemand auf ein Hindernis stieß, und teilte Ressourcen, von denen wir alle profitierten. Am Ende des ersten Monats war ich erstaunt, wie viel Fortschritt ich gemacht hatte.

Die Rechenschaftspflicht in der Gruppe funktioniert, weil sie zwei psychologische Prinzipien nutzt: soziale Bewährtheit und Engagement. Wenn man sieht, dass andere hart an ihren Zielen arbeiten, entsteht ein Gefühl der kollektiven Dynamik. Wenn man sich außerdem öffentlich zu etwas verpflichtet, ist die Wahrscheinlichkeit größer, dass man es auch einhält, denn niemand bricht gerne ein Versprechen.

Eines meiner Lieblingsbeispiele ist eine Trainingsgruppe, der ich in einer besonders stressigen Zeit beigetreten bin. Wir hatten ein einfaches System: einen Gruppenchat, um nach Abschluss des Trainings einen kurzen Schnappschuss zu teilen. Das konnte ein verschwitztes Selfie, ein Screenshot einer Fitness-App oder sogar ein Daumen-hoch-Emoji sein. Zu wissen, dass andere für sich selbst da waren, motivierte mich, dasselbe zu tun – selbst wenn ich mich zu müde oder unmotiviert fühlte.

Es persönlich machen: Die Gewohnheitsverbindung

Netzwerken und Zusammenarbeit steigern die Produktivität und prägen Gewohnheiten nachhaltig. Nehmen wir zum Beispiel meinen Schreibprozess. Bevor ich mir angewöhnt hatte, mit anderen zusammenzuarbeiten, hatte ich oft mit Prokrastination und Selbstzweifeln zu kämpfen. Aber alles änderte sich, als ich anfing, meine Entwürfe mit einer Gruppe von Kollegen zu teilen, denen ich vertraute. Ihr Feedback verbesserte meine Arbeit und motivierte mich, meinen Schreibplan einzuhalten. Es ging nicht mehr um mich, sondern darum, etwas für die Gruppe zu liefern.

Das gleiche Prinzip gilt auch für andere Lebensbereiche. Ob es darum geht, sich eine Trainingsroutine anzueignen, ein Budget einzuhalten oder eine digitale Entgiftung durchzuführen – wenn man Menschen hat, die die eigenen Ziele teilen, ist der Weg weniger einsam und lohnender. Sie erinnern einen daran, dass Rückschläge normal sind, feiern die eigenen Fortschritte und spornen einen manchmal sogar dazu an, sich höhere Ziele zu setzen.

Praktische Schritte zum Aufbau und zur Nutzung Ihres Netzwerks

Der Aufbau unterstützender Beziehungen und die Nutzung der Gruppenverantwortung braucht Zeit. Es begann mit der bewussten Entscheidung, meine Komfortzone zu verlassen. Ich begann, auf Menschen zuzugehen, die ich bewunderte, nicht mit einer bestimmten Absicht, sondern mit echter Neugier auf ihre Arbeit oder Erfahrungen. Manchmal führten diese Interaktionen zu tiefen Verbindungen. Manchmal auch nicht. Aber jeder Versuch lehrte mich etwas Wertvolles.

Wenn Sie Ihr Netzwerk stärken möchten, sollten Sie klein anfangen. Schließen Sie sich einem lokalen Meetup oder einer Online-Gruppe an, die Ihren Interessen entspricht. Beteiligen Sie sich an sinnvollen Gesprächen, anstatt nur oberflächliche Informationen auszutauschen. Wenn Sie Hilfe bei der Suche nach einer passenden Rechenschaftsgruppe benötigen, können Sie auch gerne selbst eine gründen. Alles, was es braucht, sind ein paar engagierte Menschen, die bereit sind, sich gegenseitig zu unterstützen.

Ein letzter Gedanke zum Thema Vernetzung

Die Beziehungen, die wir pflegen, prägen jeden Aspekt unseres Lebens. Sie beeinflussen unsere Gewohnheiten, fördern unsere Konzentration und erinnern uns an mögliche Dinge. Networking und Zusammenarbeit sind nicht nur Werkzeuge für den beruflichen Erfolg, sondern Lebensadern, die uns erden und inspirieren. Sie sind eine Quelle der Stärke, ein Quell der Ideen und eine Erinnerung daran, dass wir alle besser sind, wenn wir zusammenarbeiten.

Nehmen Sie sich also einen Moment Zeit, um über die Menschen in Ihrem Leben nachzudenken. Wer baut Sie auf? Wer fordert Sie heraus? Und wer könnte von Ihrer Unterstützung profitieren? Diese Verbindungen zu pflegen, könnte der Schlüssel sein, um Ihre nächste Stufe der Konzentration und Produktivität zu erreichen.

Soziale Interaktionen ausbalancieren

Das empfindliche Gleichgewicht zwischen der Aufrechterhaltung sinnvoller sozialer Interaktionen und dem Erhalt der Produktivität hat sich für mich immer wie ein Drahtseilakt angefühlt. Ich verbringe gerne Zeit mit Freunden und Familie, knüpfe neue Kontakte und pflege Beziehungen. Allerdings habe ich mich oft gefragt, wo die Grenze zwischen der Bereicherung meines Lebens durch soziale Energie und dem unbeabsichtigten Verlust meines Fokus und meiner Produktivität liegt.

Mir wurde klar, dass dieses Problem weit verbreitet ist, als ich bemerkte, wie oft ich Einladungen zu gesellschaftlichen Anlässen ablehnte oder mich zu sehr verausgabte, was dazu führte, dass ich mich erschöpft oder schuldig fühlte. Zum Beispiel sagte ich zu, an einem einzigen Abend mehrere Veranstaltungen zu besuchen, oder ich versprach, mich mit einem Freund auf einen Kaffee zu treffen, obwohl ich wusste, dass ich eine enge Frist einhalten musste. Zeit für soziale Kontakte einzuplanen und gleichzeitig den Raum zu schaffen, den ich brauchte, um produktiv zu sein, bedeutete nicht nur, meinen Kalender zu verwalten – es wurde zu einer Übung, meine Prioritäten und mein Energieniveau zu verstehen.

Das Paradoxon von Produktivität und Verbundenheit

Im Kern besteht ein Paradoxon darin, soziale Interaktionen und Konzentration in Einklang zu bringen. Während zu viel Geselligkeit Ihre Energie zerstreuen und Ihre Ziele aus den Augen verlieren kann, kann Isolation die Motivation und Kreativität schwinden lassen, die Sie benötigen, um produktiv zu bleiben. Es ist ein empfindliches Gleichgewicht, und den idealen Punkt zu finden, ist eine persönliche Reise. Für mich wurde dieses Paradoxon besonders deutlich in einer Zeit, in der ich tief in ein anspruchsvolles Projekt vertieft war. Ich reduzierte die Treffen mit Freunden, weil ich dachte, dass ich mit der zusätzlichen Zeit schneller fertig werden würde. Stattdessen fühlte ich mich unverbunden und uninspiriert.

Etwas änderte sich, als ich schließlich eine Pause einlegte, um einen Nachmittag mit einer engen Freundin zu verbringen. Unser Gespräch war unbeschwert und wir lachten viel, aber es gab mir auf eine Weise neue Energie, die Koffein oder ein Nickerchen nie könnten. Ich verließ diesen Tag mit neuer Zielstrebigkeit, frischen Ideen und einem leichteren Gemüt. Dieser Moment lehrte mich, dass die richtige soziale Energie die Produktivität nicht beeinträchtigt, sondern steigert.

Zeit für soziale Kontakte einplanen, ohne sich zu übernehmen

Soziale Interaktionen in Einklang zu bringen, wurde einfacher, als ich meine Zeit als begrenzte, aber erneuerbare Ressource betrachtete. Während ich Zeit für Arbeit, Sport oder Hobbys einplante, begann ich, bestimmte Momente für soziale Kontakte vorzusehen. Dabei ging es nicht nur darum, meinen Kalender mit gesellschaftlichen Veranstaltungen zu füllen, sondern um eine bewusste Terminplanung. Ich berücksichtigte mein Energielevel, die Art der sozialen Interaktion, die ich brauchte (ein tiefgründiges Gespräch oder ein lustiger Ausflug), und die Aufgaben, die ich zu erledigen hatte. Anfangs fühlte sich das zu starr an. Ich merkte jedoch bald, dass ich durch die bewusste

Planung diese Interaktionen mehr genießen konnte, ohne die quälende Sorge im Hinterkopf, dass Aufgaben unerledigt blieben.

Eine Strategie, die für mich Wunder wirkte, war die Kombination von sozialer Zeit mit anderen Prioritäten. Anstatt gemütlich stundenlang Kaffee zu trinken, lud ich Freunde zu einem flotten Spaziergang oder einer kurzen Mittagspause ein. Diese kleineren, gezielten Zusammenkünfte fühlten sich genauso bedeutsam an wie ausgedehntere Treffen, während mein Tag im Zeitplan blieb. Es ging um Qualität, nicht um Quantität.

Ich habe auch gelernt, wie man höflich „Nein" sagt. Früher habe ich mich schuldig gefühlt, wenn ich eine Einladung zum Abendessen oder einen Wochenendausflug abgelehnt habe, aber ich habe es so umformuliert, dass ich meine Energie für die Momente aufspare, die am wichtigsten sind. Indem ich meine Grenzen erklärte – „Ich kann dieses Wochenende nicht, weil ich Zeit zum Auftanken brauche, aber wie wäre es nächste Woche?" – konnte ich meine Beziehungen aufrechterhalten, ohne mich überfordert zu fühlen. Dieser Perspektivwechsel brachte Erleichterung und Stärkung und gab mir das Gefühl, meine sozialen Interaktionen besser im Griff zu haben.

Der Dominoeffekt sozialer Energie auf den Fokus

Nicht alle sozialen Interaktionen sind gleich. Einige geben Energie und Inspiration, andere fühlen sich erschöpfend an. Zu erkennen, welche Menschen und Situationen Ihren Fokus fördern, ist ein sehr persönlicher Prozess, aber es lohnt sich, ihn zu erforschen. Ich begann, Muster in meinen eigenen Erfahrungen zu bemerken. Die Zeit, die ich mit bestimmten Freunden verbrachte, motivierte mich immer, während andere, obwohl sie es gut meinten, mich oft in unproduktive Spiralen von Beschwerden oder Negativität zogen.

Diese Erkenntnis brachte mich dazu, den Beziehungen, die mit meinen Werten und Zielen übereinstimmten, Priorität einzuräumen. Es ging nicht darum, Menschen aus meinem Leben auszuschließen, sondern darum, bewusst zu entscheiden, wo ich meine Energie investieren wollte. Zeit mit Menschen zu verbringen, die meinen Antrieb und Optimismus teilten, vertiefte diese Beziehungen und hatte einen Dominoeffekt auf meine Konzentration. Wir tauschten Ideen aus, forderten uns gegenseitig heraus, uns weiterzuentwickeln, und unterstützten unsere Ambitionen, was Freude und Inspiration brachte, die meine Motivation und meinen Optimismus beflügelten.

Selbst beiläufige soziale Interaktionen, wie ein Gespräch mit einem Barista oder ein Austausch von Höflichkeiten mit einem Nachbarn, können eine überraschend belebende Wirkung haben. Diese kurzen Momente der Verbundenheit erinnern uns daran, dass wir

Teil eines umfassenderen Netzwerks der Menschlichkeit sind, das an sich schon erdend und motivierend sein kann.

Geselligkeit als Instrument für Reflexion und Wachstum

Ein unerwarteter Vorteil sozialer Interaktionen war ihre Rolle bei der Klärung meiner Ziele. Gespräche mit anderen wirken oft wie ein Spiegel, der meine Gedanken reflektiert und mir Einsichten offenbart, die mir sonst vielleicht entgangen wären. Zum Beispiel habe ich bei einem Treffen mit einer Mentorin über meine Schwierigkeiten berichtet, meine kreativen Projekte und administrativen Aufgaben unter einen Hut zu bringen. Ihre Perspektive hat mir geholfen zu erkennen, wie ich effektiver delegieren und Zeit für das Wesentliche gewinnen kann.

Ebenso haben Brainstorming-Sitzungen mit Freunden Ideen hervorgebracht, auf die ich allein nicht gekommen wäre. Die Energie der Zusammenarbeit und die Vielfalt der Perspektiven bringen oft neue Dimensionen in meine Arbeit. Selbst unbeschwerte Gespräche über Themen, die nichts miteinander zu tun haben, können mentale Pausen bieten, die es meinem Unterbewusstsein ermöglichen, komplexe Probleme zu entwirren.

Rituale für die Verbindung schaffen

Ich habe einfache Rituale entwickelt, die meine Beziehungen festigen und soziale Interaktionen maximieren, ohne die Produktivität zu beeinträchtigen. Einer meiner Favoriten ist ein wöchentlicher Check-in-Anruf mit einem engen Freund. Es handelt sich um einen festen Termin, sodass wir nicht jedes Mal unsere Zeitpläne koordinieren müssen. Diese Anrufe sind kurz – etwa 30 Minuten – aber sie halten uns trotz unseres geschäftigen Lebens in Verbindung.

Ein weiteres Ritual sind gelegentliche „Focus Clubs" mit Freunden oder Kollegen. Wir treffen uns virtuell oder persönlich, setzen uns Ziele für die Sitzung und arbeiten gemeinsam an unseren jeweiligen Projekten. Die gegenseitige Rechenschaftspflicht und das gemeinsame Zielbewusstsein schaffen eine einzigartige Mischung aus Produktivität und Verbundenheit.

Der andauernde Balanceakt

Soziale Interaktionen und Konzentration in Einklang zu bringen, ist keine einmalige Leistung, sondern ein dynamischer Prozess, der sich mit Ihren Prioritäten und Umständen weiterentwickelt. Es gibt Wochen, in denen ich geselliger bin und diese Interaktionen als Quelle der Inspiration und Freude nutze. In anderen Zeiten ziehe ich mich in die Einsamkeit zurück, weil ich weiß, dass ich das brauche, um neue Energie zu tanken.

Ich habe gelernt, dass der Schlüssel in der Achtsamkeit liegt. Wenn man darauf achtet, wie sich soziale Energie positiv und negativ auf einen auswirkt, kann man bewusste Entscheidungen treffen. Es geht nicht darum, Interaktionen ganz zu vermeiden, sondern sie so zu gestalten, dass sie Ihre Ziele und Ihr Wohlbefinden unterstützen. Diese Achtsamkeit hat mich sensibler für meine Bedürfnisse und Entscheidungen gemacht und die Qualität meiner sozialen Interaktionen und deren Auswirkungen auf meine Produktivität verbessert.

Chapter 8
Digitale Gewohnheiten für einen fokussierten Geist

Umgang mit digitalen Ablenkungen

ALS JEMAND, DER UNZÄHLIGE Stunden vor Bildschirmen verbracht hat – sowohl beruflich als auch in der Freizeit – weiß ich aus erster Hand, wie sich digitale Ablenkungen langsam in jeden Winkel Ihres Lebens einschleichen können. Zunächst fühlt es sich harmlos an. Ein kurzer Blick auf eine E-Mail, ein Blick auf Instagram oder ein Durchblättern der Nachrichten fühlt sich wie eine kurze Pause an. Doch ehe man sich versieht, sind aus diesen Minuten Stunden geworden und man fragt sich, wo der Tag geblieben ist.

Für mich ging es nicht nur um die verlorene Zeit; es war die mentale Unordnung, die mit ständigen Benachrichtigungen und einer fragmentierten Aufmerksamkeitsspanne einherging. Ich ertappte mich dabei, wie ich zwischen Aufgaben hin- und hersprang, mitten im Gedanken auf E-Mails antwortete oder gedankenlos meine Social-Media-Feeds aktualisierte, ohne es zu merken. Ironischerweise fühlte ich mich oft „beschäftigt", war aber nicht produktiv.

Da wusste ich, dass sich etwas ändern musste. Wenn ich mich wirklich konzentrieren und meine Ziele erreichen wollte, musste ich mich ernsthaft mit der Bewältigung digitaler Ablenkungen befassen. Dabei ging es nicht nur darum, Benachrichtigungen auszuschalten, sondern auch darum, bewusst Grenzen zwischen meinem digitalen Leben und den wirklich wichtigen Momenten zu ziehen. Es ging darum, die Kontrolle zu übernehmen und Regeln für den Umgang mit Technologie festzulegen.

Der digitale Lärm

Wir leben in einer Zeit, in der unsere Geräte darauf ausgelegt sind, unsere Aufmerksamkeit zu erregen. Jede Benachrichtigung, E-Mail und jedes Pop-up ist ein sorgfältig ausgearbeiteter Anreiz, um uns zu beschäftigen. Diese Tools sind zwar leistungsstark und unglaublich nützlich, haben aber auch ihren Preis. Die ständigen Unterbrechungen reißen uns aus dem Flow und erschweren es, uns auf sinnvolle Arbeit zu konzentrieren. Untersuchungen zeigen, dass es bis zu 23 Minuten dauern kann, bis man nach einer einzigen Ablenkung wieder konzentriert arbeiten kann, was bedeutet, dass selbst geringfügige Unterbrechungen eine massive kumulative Wirkung haben können.

Mir fiel auf, wie diese Ablenkungen meine Produktivität beeinträchtigten und meine Gewohnheiten und Denkweise beeinflussten. Ich reagierte immer stärker auf den nächsten Ping oder Alarm, anstatt proaktiv zu entscheiden, worauf ich meine Energie verwenden wollte. Diese Erkenntnis wurde zum Auslöser für meine Reise, um meinen Fokus wiederzuerlangen.

Einrichten von App- und Website-Blockern

Einer meiner ersten Schritte war die Installation von App- und Website-Blockern auf meinen Geräten. Anfangs sträubte ich mich gegen diese Idee. Es fühlte sich fast kindisch an, als hätte ich nicht die Willenskraft, bestimmte Websites zu meiden. Aber die Wahrheit ist, dass unser Gehirn darauf programmiert ist, sofortige Befriedigung zu suchen, und diese digitalen Tools sind speziell darauf ausgelegt, diese Tendenz auszunutzen. Ich gab mich nicht mit Blockern zufrieden – ich habe die Voraussetzungen geschaffen.

Apps wie Freedom, StayFocusd und Cold Turkey wurden meine Verbündeten. Ich richtete während der Arbeitszeit bestimmte Sperren ein, die den Zugriff auf soziale Medien, Nachrichtenseiten und meinen E-Mail-Posteingang einschränkten. Anfangs war das überraschend unangenehm. Ich versuchte instinktiv, eine Website zu besuchen, nur um mit einer fröhlichen Nachricht begrüßt zu werden, die mich daran erinnerte, bei der Arbeit zu bleiben. Dennoch bemerkte ich etwas Bemerkenswertes: Ich gewann die Kontrolle über meine Zeit und Aufmerksamkeit zurück.

Die Anpassung der Blockierungseinstellungen an meine Bedürfnisse machte den größten Unterschied. So erlaubte ich mir beispielsweise, in der Mittagspause ein kurzes Fenster zu öffnen, um persönliche Nachrichten zu lesen oder ohne schlechtes Gewissen durch die sozialen Medien zu scrollen. Dadurch fühlte ich mich weniger benachteiligt, konnte aber trotzdem Grenzen setzen.

Festlegen bestimmter Zeiten für das Abrufen von E-Mails und Nachrichten

E-Mails waren eine weitere Hauptquelle der Ablenkung für mich. Wie viele andere Menschen hatte ich mir angewöhnt, meinen Posteingang den ganzen Tag offen zu lassen und auf Nachrichten zu antworten, sobald sie eingingen. Anfangs fühlte es sich effizient an – warum nicht Dinge in Echtzeit erledigen? Ich merkte jedoch bald, dass dieser Ansatz meine Konzentration unterbrach und mich von wichtigeren Aufgaben ablenkte.

Um diesen Kreislauf zu durchbrechen, begann ich, bestimmte Zeiten für die Überprüfung meiner E-Mails festzulegen. Zum Beispiel verbrachte ich morgens und am späten Nachmittag jeweils 15 Minuten damit, meinen Posteingang zu bearbeiten. Diese einfache Gewohnheit sorgte für eine überraschende mentale Klarheit. Da ich wusste, dass ich feste Zeiten für die Bearbeitung von E-Mails festgelegt hatte, konnte ich mich voll und ganz auf andere Aufgaben konzentrieren, ohne ständig an ungelesene Nachrichten im Hintergrund denken zu müssen.

Manchmal war es eine Herausforderung. Es gab Momente, in denen ich Angst hatte, nicht sofort zu antworten, insbesondere in beruflichen Situationen, in denen schnelle Antworten oft erwartet werden. Aber mit der Zeit stellte ich fest, dass es den meisten Menschen nichts ausmachte, ein paar Stunden auf eine durchdachte Antwort zu warten. Dieser Ansatz verbesserte oft die Qualität meiner Kommunikation, da ich weniger gehetzt und überlegter bei der Ausarbeitung meiner Antworten war.

Bei Messaging-Apps habe ich einen ähnlichen Ansatz gewählt. Ich habe nicht unbedingt notwendige Benachrichtigungen deaktiviert und Freunden und Kollegen mitgeteilt, dass ich nur zu bestimmten Zeiten erreichbar bin. Diese Erwartungshaltung im Voraus festzulegen, hat mir geholfen, die Erwartungen aller zu managen, und mir den Raum gegeben, mich zu konzentrieren.

Die emotionale Wirkung der Rückgewinnung des Fokus

Als ich diese Änderungen umsetzte, bemerkte ich subtile, aber tiefgreifende Veränderungen in meiner Denkweise. Ich fühlte mich leichter und weniger überwältigt von der ständigen Flut an Informationen. Es war ein neu gewonnenes Gefühl der Ruhe, zu wissen, dass ich die Kontrolle über meine digitale Umgebung hatte und nicht umgekehrt. Es war ein befreiendes Gefühl, ein Gefühl der Freiheit von der ständigen Anziehungskraft digitaler Ablenkungen.

Einer der schönsten Momente war ein Wochenendausflug mit Freunden. Ich hatte mein Handy auf „Nicht stören" gestellt, sodass nur Notrufe durchgestellt wurden. Zuerst überkam mich ein Anflug von FOMO (Fear of Missing Out, Angst, etwas zu verpassen), und ich fragte mich, welche E-Mails oder Updates ich verpassen könnte. Aber im Laufe der Stunden wurde ich ganz im Moment präsent – ich lachte, wanderte und genoss einfach die Gesellschaft meiner Freunde. Diese Erfahrung erinnerte mich daran, was es wirklich bedeutet, verbunden zu sein, und inspirierte mich, diese Absicht in meinen Alltag zu tragen.

Ein nachhaltiger Ansatz

Beim Umgang mit digitalen Ablenkungen geht es nicht darum, Technologie aus Ihrem Leben zu verbannen – es geht darum, sie zur Unterstützung Ihrer Ziele einzusetzen, anstatt sie zu untergraben. Der Weg, um meinen Fokus wiederzugewinnen, war ein Prozess von Versuch und Irrtum, bei dem ich lernte, was für meine Persönlichkeit und meinen Arbeitsablauf am besten funktioniert. Es geht nicht um Perfektion, sondern um Fortschritt. Mit jedem Schritt nach vorne fühlte ich mich erfolgreich und war erneut motiviert, weiterzumachen.

Durch die Einrichtung von App- und Website-Blockern, die Festlegung bestimmter Zeiten für E-Mails und Nachrichten und die Berücksichtigung meiner Interaktion mit Technologie habe ich eine digitale Umgebung geschaffen, die mit meinen Werten und Prioritäten übereinstimmt. Das bedeutet nicht, dass ich nie abgelenkt werde – ich bin ein Mensch –, aber ich habe Systeme entwickelt, die es mir erleichtern, mich neu zu fokussieren und auf Kurs zu bleiben.

Wenn ich eines gelernt habe, dann, dass kleine, bewusste Veränderungen einen transformativen Einfluss haben können. Um sich wieder auf das Wesentliche zu konzentrieren, muss man nicht sein ganzes Leben umkrempeln. Manchmal reicht es schon, sich 10 Minuten Zeit zu nehmen, um einen Blocker einzurichten oder seine E-Mail-Zeit zu planen. Diese kleinen Schritte summieren sich und erzeugen einen Welleneffekt, der über den Arbeitstag hinausgeht.

In einer Welt, in der es überall Ablenkungen gibt, ist es ein radikaler Akt, sich zu konzentrieren. Es ist jedoch auch ein Akt der Selbstermächtigung. Indem Sie digitale Ablenkungen in den Griff bekommen, schützen Sie Ihre Zeit und investieren in Ihr Potenzial, Ihre Kreativität und Ihr Wohlbefinden. Für mich ist das eine Gewohnheit, die es sich zu pflegen lohnt.

Digitale Räume organisieren

Als mir zum ersten Mal klar wurde, wie chaotisch mein digitales Leben geworden war, traf es mich wie eine Welle der Überforderung. Mein Desktop war übersät mit zufälligen Dateien, Screenshots und Dokumenten, an deren Speicherung ich mich nicht erinnern konnte. Mein E-Mail-Postfach enthielt Tausende ungelesener Nachrichten, von denen die meisten Werbe-E-Mails waren, die ich nie öffnen wollte. Jedes Mal, wenn ich mich bei der Arbeit anmeldete oder etwas überprüfte, wurde ich mit einer digitalen Version von Unordnung konfrontiert, die die mentale Unordnung in meinem Kopf widerspiegelte. Es war ablenkend, frustrierend und, ehrlich gesagt, anstrengend.

Die längste Zeit über redete ich mir ein, dass das alles halb so wild sei. Schließlich ist es nur ein Computerbildschirm – wie sehr könnte ein unordentlicher Desktop meine Produktivität beeinträchtigen? Doch als die Anforderungen an meine Zeit zunahmen und ich mich immer weniger konzentrieren konnte, wurde mir klar, dass der Zustand meines digitalen Raums ein direktes Spiegelbild meines mentalen Raums war. Ich musste meine digitale Welt entrümpeln und optimieren, um klar und effizient arbeiten zu können.

Der Weckruf zum Entrümpeln

Der Wendepunkt kam, als ich fast eine Stunde lang nach einer Datei suchte, die ich für ein Projekt benötigte. Die Datei war nicht verloren – sie war unter Schichten unorganisierter Ordner, irreführender Dateinamen und Duplikate begraben. Ich erinnere mich, dass ich darüber nachdachte, wie viel Zeit ich verschwendet hatte, nicht nur in diesem Fall, sondern kumulativ über Wochen und Monate. Es war ein Moment der Abrechnung. Ich konnte entweder weiterhin zulassen, dass digitale Desorganisation meine Energie aufzehrte, oder etwas dagegen tun.

Ich begann mit nur 10 Minuten pro Tag und räumte meinen Desktop auf. Zunächst schien die Aufgabe überwältigend. Doch als ich einen Ordner nach dem anderen in Angriff nahm, verspürte ich Erleichterung und Zufriedenheit. Die visuelle Klarheit und die mentale Erleichterung, zu wissen, wo sich alles befand, und mühelos darauf zugreifen zu können, waren wirklich magisch. Diese kleine tägliche Anstrengung führte zu einer bedeutenden Veränderung und inspirierte mich, weiterzumachen.

Ein digitales System mit klarer Struktur

Als ich mich durch das Chaos arbeitete, wurde mir klar, dass es nicht ausreichte, einfach nur unnötige Dateien zu löschen. Wenn ich einen aufgeräumten digitalen Bereich haben wollte, brauchte ich ein System. Eine der hilfreichsten Änderungen, die ich vorgenommen habe, war die Einführung einer Ordnerstruktur, die meine Sicht auf mein Arbeits- und Privatleben widerspiegelte. Ich begann damit, übergreifende Ordner für Kategorien wie „Arbeit", „Persönlich" und „Finanzen" zu erstellen. Darin habe ich Unterordner für bestimmte Projekte, Aufgaben oder Themen erstellt. Unter „Arbeit" hatte ich beispielsweise Unterordner für „Aktuelle Projekte", „Archivierte Projekte" und „Referenzmaterialien". Diese Struktur erleichterte das Auffinden und Organisieren meiner Dateien.

Dieses System half mir nicht nur, Dinge effizienter zu finden, sondern ich überlegte mir auch genauer, was ich überhaupt speicherte. Anstatt gedankenlos Dateien herunterzuladen, fragte ich mich: Brauche ich das? Wo gehört es hin? Diese leichte Änderung der Denkweise, von „Das könnte ich eines Tages brauchen" zu „Brauche ich das jetzt?", verhinderte, dass sich in Zukunft Unordnung ansammelte, und sorgte dafür, dass mein digitaler Speicherplatz überschaubar blieb.

Die E-Mail war ein ganz anderes Thema. Wie viele andere hatte ich unzählige Newsletter, Werbeaktionen und Updates abonniert, die ich nie las. Mein Posteingang war zu einer Müllhalde für digitalen Lärm geworden, in der sich E-Mails von Shopping-Websites, Social-Media-Updates und Werbeangebote stapelten. Ich fürchtete mich jeden Morgen davor, ihn zu öffnen. Die Lösung bestand aus zwei Schritten: rücksichtslos abbestellen und Filter für die wichtigen E-Mails erstellen. Ich verbrachte ein Wochenende damit, systematisch alles abzubestellen, was meinem Leben keinen Mehrwert verlieh. Dann richtete ich Filter ein, um eingehende E-Mails automatisch zu kategorisieren, sodass wichtige Nachrichten priorisiert und weniger dringende für später gespeichert wurden.

Die Rolle von Produktivitäts-Apps

Nachdem ich meinen digitalen Raum aufgeräumt hatte, konzentrierte ich mich auf Tools, die mir helfen sollten, effizienter zu arbeiten. Produktivitäts-Apps hatten mich schon immer fasziniert, aber ich fühlte mich oft von den vielen verfügbaren Optionen überfordert. Sollte ich ein Projektmanagement-Tool verwenden? Eine Kalender-App? Einen Gewohnheitstracker? Und woher weiß man, welche es wert sind, sich damit zu beschäftigen?

Ich habe festgestellt, dass die besten Produktivitäts-Apps diejenigen sind, die auf Ihren individuellen Arbeitsablauf und Ihre Bedürfnisse zugeschnitten sind. Für mich war Trello der entscheidende Faktor. Das visuelle, tafelbasierte System ermöglichte es mir, Aufgaben und Projekte auf intuitive Weise zu organisieren. Ich konnte Tafeln für verschiedene Bereiche meines Lebens erstellen – wie Schreibprojekte, Haushaltsaufgaben und persönliche Ziele – und Karten verwenden, um größere Aufgaben in überschaubare Schritte zu unterteilen. Eine Karte von „Zu erledigen" zu „Erledigt" zu verschieben, war unglaublich befriedigend und motivierte mich, weiterzumachen.

Eine weitere App, die für mich unverzichtbar wurde, war Evernote. Da ich ständig Ideen, Notizen und zufällige Gedanken notiere, brauchte ich einen zentralen Ort, an dem ich alles speichern konnte. Mit der Suchfunktion von Evernote konnte ich auch Monate später leicht finden, was ich brauchte, und dank der geräteübergreifenden Synchronisierung konnte ich auf meine Notizen auf meinem Laptop, Telefon oder Tablet zugreifen.

Effektive Nutzung von Tools

Ein Fehler, den ich anfangs gemacht habe, war, zu viele Tools gleichzeitig zu verwenden. In meinem Bestreben, produktiver zu werden, habe ich jede App heruntergeladen, die mir versprach, mir bei der Zeitplanung, der Überwachung meiner Gewohnheiten oder der Organisation meines Lebens zu helfen. Aber anstatt die Dinge zu vereinfachen, fühlte ich mich durch diesen Ansatz noch unkonzentrierter. Ich wechselte ständig zwischen den Apps hin und her, versuchte mich daran zu erinnern, welche ich für was benutzte, und verschwendete ironischerweise Zeit.

Der Wendepunkt kam, als ich mich dazu entschloss, mein Toolkit zu vereinfachen. Ich wählte einige Kern-Apps aus, die meine wichtigsten Schwachstellen beheben sollten, und konzentrierte mich darauf, diese zu meistern. Durch diesen Ansatz hatte ich das Gefühl, die Kontrolle zu haben und selbstbewusst zu sein. Anstatt mich zerstreut zu fühlen, fühlte ich mich durch die von mir erstellten Systeme gestärkt. Dieser optimierte Ansatz sparte mir Zeit und reduzierte die mentale Belastung durch die Verwaltung mehrerer Systeme.

Der Dominoeffekt eines organisierten digitalen Raums

Als ich mich mehr und mehr darauf konzentrierte, meinen digitalen Raum zu organisieren und Produktivitätstools zu nutzen, bemerkte ich einen Dominoeffekt in anderen Bereichen meines Lebens. Ich konnte mich intensiver auf meine Arbeit konzentrieren, mit weniger Ablenkungen und klareren Prioritäten. Aufgaben, die sich früher überwältigend anfühlten, wurden überschaubar, und ich stellte sogar fest, dass ich Projekte früher als geplant abschloss, ein Beweis für meine neu gewonnene Effizienz und meinen Erfolg.

Noch wichtiger war, dass ich wieder Vertrauen in meine Fähigkeit fasste, den Überblick zu behalten. Anstatt mich von einer chaotischen digitalen Umgebung überfordert zu fühlen, gab mir das Gefühl, die Kontrolle über die Systeme zu haben, die ich selbst geschaffen hatte. Es ging um Produktivität und darum, mir Zeit und Energie für die wirklich wichtigen Dinge zurückzuerobern.

Die Dynamik aufrechterhalten

Die Organisation meines digitalen Raums war kein einmaliges Ereignis, sondern der Beginn einer fortlaufenden Praxis. Genauso wie sich physische Unordnung mit der Zeit ansammeln kann, schleicht sich digitale Unordnung auf die eine oder andere Weise wieder ein, wenn man nicht aufpasst. Deshalb habe ich es mir zur Gewohnheit gemacht, meine digitalen Dateien mindestens einmal pro Woche zu überprüfen und aufzuräumen. Diese kleine, konsequente Maßnahme hält alles im Zaum und verhindert, dass Unordnung erneut entsteht.

Rückblickend bin ich erstaunt, wie transformativ diese Veränderungen waren. Was als einfache Maßnahme zur Bereinigung meines Desktops begann, wurde zu einer eindringlichen Erinnerung an den Einfluss unserer digitalen und sonstigen Umgebung auf unser Wohlbefinden. Ich habe eine Grundlage für Konzentration, Klarheit und sinnvollen Fortschritt geschaffen, indem ich meinen digitalen Raum entrümpelt und Tools genutzt habe, die meine Ziele unterstützen.

Kleine, bewusste Veränderungen können zu tiefgreifenden Ergebnissen führen. Ob Sie nun 10 Minuten damit verbringen, Ihren Desktop zu organisieren, oder eine Produktivitäts-App erkunden, die Ihnen zusagt – diese Gewohnheiten sind Investitionen in Ihr zukünftiges Selbst. Und glauben Sie mir, die Mühe lohnt sich.

Achtsame Nutzung von Technologie

Die Ironie unseres digitalen Zeitalters besteht darin, dass die Technologie zwar dazu gedacht ist, unser Leben zu erleichtern, sich aber oft so anfühlt, als hätte sie das Gegenteil bewirkt. Bei mir fing es ganz subtil an – ein paar zusätzliche Minuten beim Scrollen durch soziale Medien hier, eine Stunde, die ich in E-Mail-Threads verloren habe, dort. Bald wurde mir klar, dass ich mehr Zeit damit verbrachte, auf Benachrichtigungen zu reagieren und zwischen Apps hin und her zu wechseln, als mich auf das zu konzentrieren, was wirklich wichtig war. Die digitale Welt hatte begonnen, meine Zeit, Energie und Aufmerksamkeit in Beschlag zu nehmen.

Eines Abends, nach einem anstrengenden Tag, an dem ich auf Bildschirme gestarrt hatte, war ich am Ende meiner Kräfte. Mein Kopf pochte, meine Augen brannten und meine Produktivität war trotz der vielen Stunden, die ich investiert hatte, miserabel. Mir war klar, dass ich meine Beziehung zur Technologie überdenken musste. Zu diesem

Zeitpunkt begann ich, mich mit dem achtsamen Einsatz von Technologie zu beschäftigen – ich benutzte digitale Tools bewusst, anstatt mich von ihnen benutzen zu lassen.

Die Auswirkungen der digitalen Überlastung

Digitale Müdigkeit ist ein zutreffender Begriff, und ich habe sie sehr deutlich gespürt. Die Forschung bestätigt, was viele von uns intuitiv wissen: Übermäßige Bildschirmzeit kann zu geistiger Erschöpfung, verminderter Produktivität und sogar zu körperlichen Symptomen wie Kopfschmerzen und Augenbelastung führen. Laut einer in *Psychological Science* veröffentlichten Studie können ständige Unterbrechungen – wie durch Benachrichtigungen – unsere kognitive Leistung erheblich beeinträchtigen, sodass selbst einfache Aufgaben überfordernd wirken.

Bei mir war die Müdigkeit nicht nur körperlich, sondern auch emotional. Der endlose Strom von Informationen, Nachrichten und Updates ließ mich erschöpft und von meinen Gedanken abgeschnitten zurück. Ich sehnte mich nach Momenten der Ruhe, frei von dem ständigen Summen der Technologie. Es gab Zeiten, in denen ich mich von der ständigen Flut von Benachrichtigungen überwältigt fühlte oder in denen es mir schwerfiel, mich auf eine einzige Aufgabe zu konzentrieren, weil ich ständig auf mein Handy schauen musste. Diese emotionalen Probleme waren ein klares Zeichen für die Auswirkungen der digitalen Überlastung auf mein Wohlbefinden.

Bewusste Bildschirmzeit

Der erste Schritt zu einem gesünderen Umgang mit der Technik bestand darin, meine Bildschirmzeit bewusst zu gestalten. Anstatt gedankenlos nach meinem Handy zu greifen oder von App zu App zu springen, fragte ich mich: „Was soll ich hier tun?" Es klingt einfach, aber diese Frage wurde zu einem starken Anker.

Eine meiner effektivsten Änderungen bestand darin, bestimmte Zeiten für die Nutzung bestimmter Apps oder Aufgaben festzulegen. Zum Beispiel habe ich mir morgens ein Zeitfenster von 30 Minuten freigehalten, um E-Mails zu lesen und auf dringende Nachrichten zu antworten. Danach habe ich meine E-Mail-App geschlossen und erst zu einem anderen geplanten Zeitpunkt später am Tag wieder geöffnet. Diese kleine Einschränkung hatte einen übergroßen Einfluss auf meine Konzentration. Ich fühlte mich nicht mehr durch jedes Ping und jede Benachrichtigung in ein Dutzend Richtungen gezogen. Es war eine Erleichterung, eine friedliche Pause vom ständigen digitalen Rauschen, und das kann es auch für Sie sein.

Soziale Medien waren ein weiterer Bereich, in dem ich wusste, dass ich Grenzen brauchte. Wie viele andere Menschen war ich in die Falle des endlosen Scrollens getappt

– unglaublich spät in der Nacht, wenn meine Willenskraft am schwächsten war. Ich begann, Apps wie StayFocusd zu nutzen, um meine Zeit auf sozialen Plattformen zu begrenzen und den Kreislauf zu durchbrechen. Nach einer festgelegten Zeit schubste mich die App sanft von Instagram oder Twitter weg und erinnerte mich daran, bewusst darüber nachzudenken, wie ich meine Abendstunden verbrachte.

Gewohnheiten der digitalen Achtsamkeit aufbauen

Bei der achtsamen Nutzung von Technologie geht es nicht nur darum, die Bildschirmzeit zu reduzieren, sondern darum, bei jeder Aufgabe oder Aktivität, mit der man sich beschäftigt, voll und ganz präsent zu sein – unabhängig davon, ob es sich um einen Bildschirm handelt oder nicht. Ich fand diese Denkweise besonders während der Arbeitszeit transformativ. Anstatt mehrere Tabs gleichzeitig zu öffnen und Benachrichtigungen zu erhalten, begann ich, mich auf eine Aufgabe zu konzentrieren. Ich schaltete alle nicht wesentlichen Benachrichtigungen aus, stellte mein Telefon auf „Nicht stören" und konzentrierte mich auf jeweils eine Aufgabe.

Diese Umstellung war sehr arbeitsintensiv. Mein Gehirn hatte sich so sehr an die ständige Stimulation gewöhnt, dass die Stille fast unangenehm war. Dennoch lernte ich mit der Zeit, die Ruhe zu schätzen, die mit konzentrierter Aufmerksamkeit einherging. Aufgaben, die früher Stunden in Anspruch nahmen, wurden überschaubarer, und ich beendete meine Tage mit einem größeren Gefühl der Erfüllung. Dieses Gefühl der Erfüllung kann auch Ihnen gehören, wenn Sie Ihren Weg zu einer achtsamen Nutzung von Technologie beschreiten.

Die Anzeichen digitaler Erschöpfung erkennen

Ich habe gelernt, dass sich digitale Erschöpfung auch bei diesen Veränderungen auf subtile Weise einschleichen kann. An manchen Tagen bemerkte ich, dass ich mich ungewöhnlich gereizt fühlte oder mich nur schwer konzentrieren konnte, nur um dann festzustellen, dass ich stundenlang ohne Pause auf Bildschirme gestarrt hatte. Diese Warnsignale zu erkennen, wurde für mich auf meinem Weg zu einem achtsamen Umgang mit Technologie unerlässlich, da ich mich dadurch informiert und auf die bevorstehenden Herausforderungen vorbereitet fühlte. Dieses Wissen kann Ihnen auf Ihrem Weg durch die digitale Welt helfen.

Eines der offensichtlichsten Anzeichen war für mich körperliches Unbehagen – trockene Augen, Nackenschmerzen und ein allgemeines Spannungsgefühl in meinem Körper. Um dem entgegenzuwirken, begann ich, die 20-20-20-Regel zu befolgen: Alle 20 Minuten schaute ich für mindestens 20 Sekunden von meinem Bildschirm weg auf etwas, das 20 Fuß entfernt war. Diese einfache, von Augenärzten empfohlene Methode gab meinen Augen eine dringend benötigte Pause und half, die Belastung zu reduzieren. So können Sie einer digitalen Augenbelastung vorbeugen und Ihre Augen gesund halten, wenn Sie digitale Geräte über längere Zeiträume verwenden.

Ein weiteres Warnsignal war geistige Trägheit. An Tagen, an denen ich mich zerstreut oder unmotiviert fühlte, trat ich einen Schritt zurück und überprüfte meine Bildschirmzeitgewohnheiten. Oft stellte ich fest, dass ich mein Gehirn mit zu vielen Informationen überlastet hatte – sei es durch Arbeit, Nachrichten oder soziale Medien. Um einen Neustart zu wagen, zog ich den Stecker und verbrachte Zeit im Freien oder machte etwas Sportliches. Selbst ein kurzer Spaziergang oder ein paar Minuten Stretching machten einen Unterschied.

Die Kontrolle über die Technologie zurückgewinnen

Der stärkste Teil dieser Reise war es, die Kontrolle darüber zurückzugewinnen, wie ich Technologie nutze. Anstatt mich wie ein Opfer endloser Benachrichtigungen und Ablenkungen zu fühlen, habe ich gelernt, Grenzen zu setzen, die meinen Fokus und mein Wohlbefinden schützen. Das bedeutet nicht, dass ich die Technologie ganz aufgegeben habe – weit gefehlt. Täglich verlasse ich mich auf digitale Tools, um organisiert, vernetzt und produktiv zu bleiben. Aber ich benutze diese Tools jetzt zu meinen Bedingungen und fühle mich durch meine wiedergewonnene Kontrolle inspiriert und motiviert.

Zum Beispiel habe ich das Konzept einer „technikfreien Zone" in meinem Zuhause übernommen. Mein Schlafzimmer ist jetzt ein bildschirmfreier Rückzugsort, an dem ich mich ohne den Sog von Social Media oder Arbeits-E-Mails entspannen kann. Diese kleine Änderung hat meine Schlafqualität erheblich verbessert und meine Abende erholsamer gemacht.

Ich habe auch angefangen, an meinen Wochenenden regelmäßige „Digital Detox"-Perioden einzuplanen. Das sind Zeiten, in denen ich mich komplett von meinen Geräten abkopple und mich auf Offline-Aktivitäten wie Lesen, Kochen oder Zeit mit meinen Lieben konzentriere. Diese Pausen sind zu einer Quelle der Erneuerung geworden und erinnern mich an die Freuden, ganz im Moment zu sein.

Mit Absicht vorwärts gehen

Die achtsame Nutzung von Technologie hat meine Produktivität und mein tägliches Wohlbefinden grundlegend verändert. Indem ich mir Grenzen setze, meine Bildschirmzeit bewusst gestalte und Anzeichen digitaler Erschöpfung erkenne, habe ich ein gesünderes Verhältnis zur digitalen Welt und zu mir selbst geschaffen.

Wenn ich eines gelernt habe, dann, dass Technologie ein Werkzeug ist, kein Meister. Sie kann unser Leben unglaublich bereichern, aber nur, wenn wir sie mit Bedacht und Absicht einsetzen. Wenn man also weiß, dass diese kleinen Gewohnheiten einen großen Unterschied machen können, ob man nun technologiefreie Zonen schafft, eine bestimmte Bildschirmzeit einplant oder sich einfach nur ein paar Momente Zeit nimmt, um den Stecker zu ziehen. Der Schlüssel liegt darin, dort anzufangen, wo man gerade steht, mit dem, was man tun kann, und darauf zu vertrauen, dass jeder Schritt nach vorne ein Schritt in Richtung mehr Konzentration, Klarheit und Ruhe ist.

Chapter 9
Passen Sie Ihre 10-Minuten-Gewohnheiten an

Gewohnheiten personalisieren

Die Personalisierung von Gewohnheiten war eine befreiende Offenbarung auf meinem Weg zu einem fokussierten und produktiven Leben. Es ist eine Erleichterung zu erkennen, dass es keine Einheitslösung für Erfolg gibt. Früher habe ich Artikel und Videos über Morgenroutinen und Produktivitäts-Hacks durchforstet, in der Hoffnung, meinen Durchbruch zu finden, indem ich den Ansatz eines anderen nachahme. Aber wie ich herausfand, kommt Erfolg nicht durch das Kopieren anderer, sondern durch das Entwickeln von Gewohnheiten, die sich für mich natürlich, sinnvoll und erreichbar anfühlen. Diese Erkenntnis gibt mir ein Gefühl der Beruhigung und Hoffnung, dass jeder von uns seinen eigenen Weg zum Erfolg finden kann.

Der Entdeckungsprozess: Lernen, was passt

Mein erster Versuch, Gewohnheiten zu entwickeln, war von Frustration geprägt. Ich versuchte etwas vielversprechendes – wie jeden Morgen Tagebuch zu schreiben – aber nach ein paar Tagen fühlte es sich eher wie eine lästige Pflicht an als eine transformierende Praxis. Während dieser Trial-and-Error-Versuche lernte ich, dass Gewohnheiten nur dann anhalten, wenn sie mit Ihren persönlichen Zielen und Ihrem Lebensstil übereinstimmen. Es geht nicht darum, sich in die Form eines anderen zu zwingen; es geht darum, Gewohnheiten zu entwickeln, die zu dem passen, wer man ist und wo man sich in seinem Leben befindet.

Ich fand zum Beispiel die Idee der Meditation schon immer toll, aber zwanzig Minuten still zu sitzen, machte mich unruhig. Als ich mir erlaubte, mich an die Praxis anzupassen, fand ich eine Lösung: kurze, zehnminütige Achtsamkeitssitzungen beim Spazierengehen im Park. Diese kleine Änderung verwandelte die Meditation von einem Kampf in etwas, auf das ich mich wirklich freue.

Gewohnheiten mit individuellen Zielen in Einklang bringen

Eine meiner wichtigsten Erkenntnisse war, dass Gewohnheiten Ihre langfristigen Ziele unterstützen müssen, nicht nur Ihre unmittelbaren Bedürfnisse. Stellen Sie sich die Freude vor, Gewohnheiten zu entdecken, die mit Ihren persönlichen Zielen und Ihrem Lebensstil übereinstimmen und als Sprungbrett für Ihre Vision dienen. Diese Erkenntnis sollte Sie dazu inspirieren und motivieren, Gewohnheiten zu entwickeln, die zu Ihrer Person und Ihrem aktuellen Lebensabschnitt passen.

Dieses Buch zu schreiben war für mich ein klares Ziel, aber es erforderte mehr als nur die Verpflichtung zum Schreiben. Ich brauchte Gewohnheiten, die meine Energie aufrechterhalten, meine Konzentration fördern und mich in Momenten des Zweifels motivieren würden. Zu diesem Zeitpunkt begann ich, tägliche Praktiken zu identifizieren, die mit meinen kreativen und beruflichen Zielen übereinstimmten, wie z. B. die ersten zehn Minuten meines Morgens dem Brainstorming neuer Ideen zu widmen oder meine Fortschritte am Ende des Tages zu überprüfen. Diese kleinen Maßnahmen trugen dazu bei, dass ich mit meinem eigentlichen Ziel verbunden blieb.

Ihren Lebensstil verstehen

Ihr Lebensstil ist für Ihre Ziele ebenso wichtig. Wenn eine Gewohnheit nicht auf natürliche Weise in Ihre bestehende Routine passt, ist es unwahrscheinlich, dass sie sich einprägt. Ich habe diese Lektion auf die harte Tour gelernt, als ich versuchte, täglich um 5 Uhr morgens aufzustehen. Ich hatte unzählige Geschichten über Frühaufsteher gelesen, die hervorragende Ergebnisse erzielten, was der Schlüssel zur Steigerung meiner Produktivität sein sollte. Das Problem? Ich bin von Natur aus kein Morgenmensch und nach dem frühen Aufstehen fühlte ich mich schlapp und elend.

Schließlich fand ich einen Kompromiss: Ich verlagerte meine Weckzeit auf realistischere 7 Uhr morgens und konzentrierte mich darauf, meine Morgen zu optimieren, anstatt sie zu verlängern. Indem ich meine Gewohnheiten an meinen natürlichen Rhythmus anpasste, schuf ich eine Routine, die sich nachhaltig anfühlte, anstatt mich zu bestrafen.

Praktiken an persönliche Vorlieben anpassen

Ein weiterer Durchbruch gelang mir, als ich aufhörte, mich in starre Systeme zwängen zu wollen, und stattdessen begann, meine Gewohnheiten an meine Vorlieben anzupassen. Nehmen wir zum Beispiel das Thema Sport. Traditionelle Workouts im Fitnessstudio langweilten mich zu Tode, aber zu flotter Musik in meinem Wohnzimmer zu tanzen? Das ist etwas, womit ich mich anfreunden konnte. Dasselbe Prinzip gilt für Arbeitsgewohnheiten. Anstatt stundenlang am Schreibtisch zu sitzen, habe ich mir eine Umgebung geschaffen, in der ich zwischen Sitzen und Stehen wechseln kann, wodurch lange Schreibsitzungen angenehmer werden.

Der Schlüssel liegt darin, zu experimentieren und herauszufinden, was sich für einen gut anfühlt. Wenn eine Gewohnheit keine Freude oder Zufriedenheit auslöst, wird man sich ihr unweigerlich widersetzen. Deshalb ermutige ich jeden, sich selbst die Erlaubnis zu geben, seine Gewohnheiten so lange zu optimieren und anzupassen, bis sie sich richtig anfühlen.

Gewohnheiten um bestehende Anker herum aufbauen

Eine der einfachsten Möglichkeiten, Gewohnheiten zu personalisieren, besteht darin, sie um Dinge herum aufzubauen, die man bereits tut. Dieser Ansatz, der als „Habit Stacking" bekannt ist, hat für mich alles verändert. Ich wollte zum Beispiel den ganzen Tag über mehr Wasser trinken, vergaß es aber immer wieder. Dann begann ich, diese Gewohnheit mit etwas zu verbinden, das ich nie ausließ – dem morgendlichen Kaffee. Jedes Mal, wenn ich Kaffee koche, trinke ich zuerst ein Glas Wasser. Es ist eine einfache Anpassung, aber sie hat meinen Flüssigkeitshaushalt spürbar verbessert.

Indem man neue Gewohnheiten mit bestehenden verknüpft, entfällt die Reibung, die entsteht, wenn man versucht, sich an sie zu erinnern oder Zeit für sie zu schaffen. So lassen sich positive Veränderungen mühelos in Ihr Leben integrieren.

Flexibilität annehmen

Das Leben ist unvorhersehbar, und manchmal scheitern selbst die besten Pläne. Deshalb habe ich gelernt, beim Aufbau von Gewohnheiten flexibel vorzugehen. Ich mache mir keine Vorwürfe, wenn sich eine Gewohnheit an einem bestimmten Tag nicht erreichbar anfühlt. Stattdessen frage ich mich: „Was kann ich stattdessen tun?" Es ist unrealistisch, heute zehn Minuten zu meditieren. Trotzdem kann ich ein paar Mal tief durchatmen, während ich im Supermarkt in der Schlange stehe. Wichtig ist, dass man sich dem Kern der Gewohnheit verpflichtet fühlt, auch wenn die Ausführung variiert.

Diese Änderung der Denkweise hat mich unglaublich befreit. Sie hat mir geholfen, Gewohnheiten nicht als starre Regeln zu betrachten, sondern als Werkzeuge, die ich an meine Umstände anpassen kann. Paradoxerweise hat mich diese Flexibilität mit der Zeit konsequenter gemacht.

Die Rolle der Reflexion

Die Personalisierung von Gewohnheiten ist ein fortlaufender Prozess, und Reflexion spielt dabei eine entscheidende Rolle. Ich nehme mir regelmäßig Zeit, um zu beurteilen, was funktioniert und was nicht. Manchmal stelle ich fest, dass eine Gewohnheit, die ich gewissenhaft praktiziert habe, nicht die gewünschten Ergebnisse liefert. In anderen Fällen könnte eine geringfügige Änderung einen großen Unterschied machen. Indem ich neugierig und offen für Veränderungen bleibe, habe ich meine Gewohnheiten verfeinert und sie an meine sich entwickelnden Bedürfnisse und Ziele angepasst.

Kleine Erfolge feiern

Schließlich habe ich festgestellt, dass es wichtig ist, kleine Siege zu feiern, um Gewohnheiten zu personalisieren. Jedes Mal, wenn ich eine neue Praxis erfolgreich in mein Leben integriere, nehme ich mir einen Moment Zeit, um die Leistung anzuerkennen. Diese Feiern müssen nicht aufwendig sein – eine kurze Notiz in meinem Tagebuch oder ein mentales Schulterklopfen reichen aus. Es geht darum, das positive Verhalten zu verstärken und mich an meine Fortschritte zu erinnern. Diese Betonung auf das Feiern kleiner Siege sollte Sie auf Ihrem Weg zur Personalisierung von Gewohnheiten ermutigen und aufbauen.

Fortschritte verfolgen

Als ich anfing, mir Gewohnheiten anzueignen, war ich wie ein Entdecker ohne Karte, der durch einen Wald voller Möglichkeiten wandert, ohne einen klaren Weg zu haben, um seinen Fortschritt zu messen. Damals dachte ich, dass allein das Wiederholen einer Gewohnheit irgendwie zur Beherrschung führen würde. Mir wurde jedoch schnell klar, dass mir wertvolle Erkenntnisse entgingen, wenn ich meine Bemühungen nicht verfolgte und über die Ergebnisse nachdachte. Zu diesem Zeitpunkt entdeckte ich die transformative Kraft der Überwachung meiner Gewohnheiten – Erfolge und Schwierigkeiten.

Der Anfang: Warum es wichtig ist, seine Gewohnheiten zu verfolgen

In den ersten Tagen, in denen ich meine 10-Minuten-Gewohnheiten wie Meditation und morgendliches Stretching einführte, verließ ich mich stark auf mein Gedächtnis, um meine Beständigkeit zu beurteilen. Ich dachte über die Woche nach und stellte mir Fragen wie: *Habe ich jeden Tag meditiert?* oder *Wie oft habe ich meine morgendlichen*

Dehnübungen ausgelassen? Aber meine Erinnerung war oft unzuverlässig, da sie eher von meinen momentanen Gefühlen als von tatsächlichen Daten geprägt war. An Tagen, an denen ich motiviert war, überschätzte ich meinen Erfolg. An schwierigen Tagen würde ich meine Erfolge völlig ignorieren.

Mir wurde klar, dass ich ein System brauchte – eine Möglichkeit, den Überblick über meine Fortschritte zu behalten, ohne auf Vermutungen angewiesen zu sein. Zu diesem Zeitpunkt begann ich, eine einfache Gewohnheitsliste in meinem Tagebuch zu verwenden. Jeden Tag notierte ich die Gewohnheiten, die ich mir vorgenommen hatte, und hakte sie nach und nach ab. Es war nichts Besonderes, aber es gab mir ein greifbares Erfolgserlebnis und eine Möglichkeit, mich selbst zur Rechenschaft zu ziehen. Dieses Erfolgserlebnis beflügelte meine Motivation und gab mir die Kraft, weiterzumachen.

Die richtigen Tools entdecken

Mit der Entwicklung meiner Gewohnheiten entwickelten sich auch meine Methoden zur Nachverfolgung. Ich wechselte von handgeschriebenen Tagebüchern zu digitalen Tools wie Apps zur Gewohnheitsverfolgung. Apps wie Habitica und Streaks führten ein spielerisches Element ein, das die Nachverfolgung weniger wie eine lästige Pflicht und mehr wie eine lohnende Erfahrung erscheinen ließ. Jede Gewohnheit, die ich aufrechterhielt, fühlte sich wie ein kleiner Sieg an und motivierte mich, weiterzumachen.

Aber während digitale Tools zwar Bequemlichkeit boten, gab mir das Tagebuch etwas, was diese Apps nicht konnten: Raum zum Nachdenken. In meinem Tagebuch konnte ich darüber schreiben, warum ich eine Gewohnheit vernachlässigt hatte oder was ich daran bemerkte, wie sich eine bestimmte Praxis auf meinen Tag auswirkte. Diese Mischung aus digitaler Effizienz und analoger Selbstbeobachtung wurde für mich zum perfekten Ausgleich. Die digitalen Tools hielten mich konsequent, während mein Tagebuch mir half, mit dem *Warum* hinter meinen Gewohnheiten in Verbindung zu bleiben.

Strategien anpassen lernen

Einer der Aspekte, der mir beim Tracking am meisten die Augen geöffnet hat, war die Entdeckung von Verhaltensmustern. Mir fiel zum Beispiel auf, dass ich Gewohnheiten, die sich ganz natürlich in meinen Morgen einfügten, viel konsequenter befolgte als solche, die ich in den Abend quetschen wollte. Diese Erkenntnis veranlasste mich, meine Tagebuchführung von der Nacht auf den frühen Morgen zu verlegen, was viel besser zu meinem Energielevel passte. Das Tracking hat nicht nur diese Muster aufgedeckt, sondern mich auch in die Lage versetzt, notwendige Anpassungen vorzunehmen, wodurch ich mich auf meinem Weg zur Gewohnheitsbildung aufgeklärt und proaktiv fühlte.

Es gab auch Zeiten, in denen das Tracking zeigte, dass eine Gewohnheit mir nicht so diente, wie ich gehofft hatte. Ich erinnere mich lebhaft an den Monat, in dem ich versuchte, eine 10-minütige kalte Dusche in meine Routine einzubauen. Die Idee war, meine Konzentration und Energie zu steigern, aber jedes Mal, wenn ich mich dieser eisigen Dusche aussetzte, empfand ich mehr Angst als Nutzen. Als ich diesen Trend in meinem Tagebuch sah, konnte ich diese Gewohnheit ohne Schuldgefühle ablegen und sie durch eine warme Dusche mit einem kurzen kalten Wasserstrahl ersetzen – etwas, das ich beibehalten konnte.

Die Macht der Feedbackschleife

Bei der Verfolgung von Gewohnheiten geht es nicht nur um die Aufzeichnung von Daten, sondern auch um die Schaffung einer Feedbackschleife, die es einem ermöglicht, zu lernen und zu wachsen. Eine der hilfreichsten Strategien, die ich entwickelt habe, ist es, mir jede Woche Zeit zu nehmen, um meinen Tracker zu überprüfen. Während dieser Reflexion stelle ich mir drei Schlüsselfragen:

1. *Was ist gut gelaufen?*

2. *Was ist nicht wie geplant gelaufen?*

3. *Was kann ich in Zukunft anpassen?*

Diese Fragen sind zum Eckpfeiler meines Gewohnheitsbildungsprozesses geworden. Es gab zum Beispiel eine Zeit, in der ich Schwierigkeiten hatte, meine 10-minütige Schreibübung konsequent durchzuführen. Nachdem ich meinen Tracker überprüft hatte, wurde mir klar, dass das Problem nicht die Motivation, sondern das Timing war. Ich hatte versucht, am späten Nachmittag zu schreiben, aber zu diesem Zeitpunkt des Tages war meine mentale Energie aufgebraucht. Indem ich die Gewohnheit auf den Vormittag verlagerte, konnte ich eine sofortige Verbesserung der Konsistenz und Qualität feststellen.

Durch Daten motiviert bleiben

Die Nachverfolgung hilft mir auch, motiviert zu bleiben, insbesondere während der unvermeidlichen Plateaus. Es ist unglaublich befriedigend, auf einen Monat konsequenter Bemühungen zurückzublicken und zu sehen, wie weit ich gekommen bin. Selbst an Tagen, an denen der Fortschritt nur langsam vorangeht, erinnern mich die Häkchen in meinem Tracker daran, dass ich Schwung aufbaue. Diese ständige Erinnerung an den Fortschritt inspiriert mich, weiterzumachen, und gibt mir ein Gefühl von Inspiration und Entschlossenheit.

Ein unerwarteter Vorteil des Trackings war die Möglichkeit, kleine Erfolge zu feiern. Früher dachte ich, dass nur bedeutende Meilensteine Anerkennung verdienen, aber das Tracking hat mich gelehrt, jeden Schritt auf dem Weg wertzuschätzen. Eine Woche täglicher Meditation oder eine 10-tägige Serie beim morgendlichen Stretching mag unbedeutend erscheinen, aber die Anerkennung dieser Erfolge spornt mich an, weiterzumachen.

Flexibilität

Eine der wertvollsten Lektionen, die ich durch das Tracking gelernt habe, ist die Bedeutung von Flexibilität. Das Leben passiert – Zeitpläne ändern sich, unerwartete Verantwortlichkeiten entstehen und manche Tage sind komplizierter als andere. Früher hätte ich mich wie ein Versager gefühlt, wenn ich eine Gewohnheit ausgelassen hätte. Doch das Tracking hat mir geholfen, diese Momente als Gelegenheit zur Anpassung zu betrachten.

Wenn ich zum Beispiel meine eingeplante Zeit für eine Gewohnheit verpasse, suche ich nach alternativen Möglichkeiten, sie einzubauen. Wenn ich meine vollen 10 Minuten nicht trainieren kann, mache ich stattdessen vielleicht ein paar schnelle Dehnübungen. Diese Anpassungen zu verfolgen, hat mir gezeigt, dass Beständigkeit nicht gleichbedeutend mit Perfektion sein muss – es geht darum, Wege zu finden, um voranzukommen, egal wie klein der Schritt ist.

Nachhaltiges Tracking

Eine der Herausforderungen beim Tracking besteht darin, es nachhaltig zu gestalten. Es gab Zeiten, in denen ich zu ehrgeizig war und versucht habe, zu viele Gewohnheiten auf einmal zu verfolgen. Dies führte unweigerlich zu einem Burnout. Mit der Zeit habe ich gelernt, mich auf einige wenige kritische Gewohnheiten gleichzeitig zu konzentrieren und sicherzustellen, dass ich jeder einzelnen die Aufmerksamkeit schenken kann, die sie verdient.

Ich habe auch die Idee des saisonalen Trackings aufgegriffen. Bestimmte Gewohnheiten, wie Tagebuch führen und Sport, sind feste Bestandteile meines Lebens, aber andere kommen und gehen je nach meinen Prioritäten. Während einer hektischen Arbeitssaison kann ich beispielsweise produktivitätsbezogene Gewohnheiten wie Zeitmanagement und Konzentration verfolgen, während ich mich in einer ruhigeren Phase auf Selbstfürsorge wie Meditation und Entspannungstechniken konzentrieren kann.

Das Gesamtbild

Im Kern geht es beim Tracking nicht nur um Gewohnheiten, sondern auch um Selbstbewusstsein. Es ist eine Möglichkeit, sich auf seine Muster einzustimmen, zu verstehen, was einen antreibt, und bewusste Entscheidungen über die Verwendung seiner Zeit und Energie zu treffen. Durch das Tracking habe ich ein tieferes Verständnis für mich selbst gewonnen, was in jedem Bereich meines Lebens von unschätzbarem Wert war.

Letztendlich geht es nicht darum, eine perfekte Aufzeichnung der Gewohnheiten zu erstellen, sondern das Tracking als Werkzeug für Wachstum zu nutzen. Das Tracking hält Sie auf Trab, egal ob Sie ein Tagebuch, eine App oder eine Kombination aus beidem verwenden. Es erinnert Sie daran, dass jede noch so kleine Handlung zählt und dass jeder noch so kleine Fortschritt es wert ist, gefeiert zu werden.

Überwindung gängiger Hindernisse

Ich erinnere mich noch lebhaft daran, wie ich zum ersten Mal mit Prokrastination und Motivationsmangel konfrontiert war. Es war ein später Nachmittag, und ich hatte mir selbst versprochen, zehn Minuten lang zu schreiben – eine Gewohnheit, die ich im Rahmen meiner umfassenderen Produktivitätsziele zu pflegen versuchte. Doch da saß ich nun, scrollte durch die sozialen Medien und redete mir ein, dass ich mich „erst einmal entspannen" müsse oder dass ich „in ein paar Minuten anfangen" würde. Aus Minuten wurde eine Stunde, und bald verging der Tag, ohne dass ich ein einziges Wort geschrieben hatte. An diesem Abend war ich frustriert – nicht nur, weil ich nicht geschrieben hatte, sondern weil ich dem Aufschieben nachgegeben hatte.

Dieser Kampf gegen die Prokrastination ist kein Einzelkampf. Es ist ein universeller Kampf, mit dem fast jeder irgendwann konfrontiert ist, insbesondere wenn man versucht, neue Gewohnheiten zu entwickeln. Und es geht nicht nur um Faulheit; oft wurzelt die Prokrastination in Angst, Perfektionismus oder sogar in der Unklarheit darüber, wo man anfangen soll. Der Wendepunkt kam, als ich diese Momente nicht mit Selbstkritik, sondern mit Neugier und Mitgefühl anging.

Aufschieberitis verstehen

Das Erste, was ich über Aufschieberitis gelernt habe, ist, dass sie oft tiefere Emotionen verschleiert. Manchmal ist es die Angst zu versagen, nicht gut genug zu sein oder sogar die Angst vor dem Erfolg. Manchmal ist es ein Mangel an Klarheit oder Orientierung. Als ich mir zum Beispiel vornahm, zehn Minuten lang zu schreiben, habe ich nicht festgelegt, *was* ich schreiben würde. Diese Unklarheit machte es einfach, die Aufgabe ganz zu vermeiden.

Andererseits ist mangelnde Motivation eng mit dem Energielevel und dem emotionalen Zustand verbunden. Ich habe festgestellt, dass selbst die kleinste Aufgabe unüberwindbar erscheinen kann, wenn ich überfordert oder gestresst bin. In solchen Momenten habe ich gelernt, innezuhalten und mich zu fragen: *Was hält mich zurück?* Oft hat die Antwort nichts mit der Aufgabe zu tun, sondern damit, wie ich mich gerade fühle.

Kleine Siege gegen die Prokrastination

Eine Strategie, die für mich einen Wendepunkt darstellte, ist das Konzept der kleinen Siege. Wenn ich nicht weiterkomme, sage ich mir, dass ich nur den kleinstmöglichen Schritt nach vorne machen muss. Zum Beispiel öffne ich meinen Laptop und tippe nur einen Satz, wenn ich keine Lust zum Schreiben habe. Wenn ich keine Lust zum Sport habe, stehe ich auf und dehne mich 30 Sekunden lang. Diese winzigen Aktionen erzeugen Schwung und machen es einfacher, weiterzumachen.

Ich werde nie vergessen, wie ich mit dieser Methode meine morgendliche Dehnroutine in Angriff genommen habe. Ich sagte mir, dass ich an einem hektischen Morgen keine Zeit für die vollen 10 Minuten hätte. Aber anstatt sie ganz auszulassen, dehnte ich mich nur einmal. Zu meiner Überraschung führte diese eine Dehnung zur nächsten, und ehe ich mich versah, hatte ich meine Routine abgeschlossen. Es ging nicht um die Zeit, die ich dafür aufwendete, sondern darum, für mich selbst da zu sein, egal wie klein der Aufwand war.

Motivation durch Sinnhaftigkeit aufbauen

Motivation entsteht nicht auf magische Weise; wir fördern sie, indem wir unsere Handlungen mit einem tieferen Sinn verbinden. Für mich bedeutet das, mich daran zu erinnern, warum ich eine bestimmte Gewohnheit überhaupt erst begonnen habe. Als ich mit dem Schreiben anfing, ging es nicht nur darum, ein besserer Autor zu werden und einen Raum für Selbstdarstellung und Wachstum zu schaffen. Immer wenn meine Motivation nachlässt, besinne ich mich auf diesen Zweck, der mein Engagement neu entfacht.

Eine Übung, die mir geholfen hat, ist die Visualisierung der langfristigen Auswirkungen meiner Gewohnheiten. Ich stelle mir vor, wie sich das konsequente Praktizieren einer Gewohnheit, und sei es nur für 10 Minuten am Tag, im Laufe der Zeit summiert. Zum Beispiel mögen 10 Minuten Schreiben pro Tag nicht viel erscheinen, aber über ein Jahr hinweg könnten es Tausende von Wörtern sein – vielleicht sogar der erste Entwurf eines

Buches. Diese Änderung der Perspektive macht es einfacher, Momente des Widerstands zu überwinden.

Vorbereitung auf Störungen

Natürlich ist das Leben unvorhersehbar und Störungen sind unvermeidlich. Manchmal hat eine unerwartete Verpflichtung oder ein besonders chaotischer Tag meine Routine aus der Bahn geworfen. In der Vergangenheit haben mich diese Störungen tagelang, manchmal sogar wochenlang aus der Bahn geworfen. Aber ich habe gelernt, dass die Planung für diese frühen Momente der Schlüssel zur Resilienz ist.

Eine der effektivsten Strategien, die ich übernommen habe, ist die Erstellung von Notfallplänen. Bei jeder Gewohnheit, die ich mir aneignen möchte, denke ich über mögliche Hindernisse nach und überlege mir alternative Wege, um auf Kurs zu bleiben. Wenn ich zum Beispiel weiß, dass ich auf Reisen bin und mein übliches Trainingsprogramm nicht einhalten kann, plane ich stattdessen eine kurze Trainingseinheit mit dem eigenen Körpergewicht ein. Wenn ich überfordert bin und mich nicht auf eine ganze Schreibsitzung festlegen kann, schreibe ich ein paar Ideen in ein Notizbuch oder diktiere sie in mein Handy.

Flexibilität annehmen

Flexibilität ist ein wichtiger Faktor bei der Überwindung von Hindernissen. Ich habe erkannt, dass es nicht darum geht, eine Gewohnheit perfekt auszuführen, sondern Wege zu finden, sich anzupassen, ohne das Ziel ganz aufzugeben. Diese Einstellung hat sich in arbeitsreichen oder stressigen Zeiten als nützlich erwiesen. Als ich zum Beispiel morgens keine Zeit zum Meditieren fand, verlegte ich meine Praxis auf die Abende. Das war nicht ideal, aber so blieb die Gewohnheit erhalten und zeigte mir, dass ich mich anpassen und unter verschiedenen Umständen erfolgreich sein kann.

Aus Rückschlägen lernen

Eine meiner wertvollsten Lektionen ist, dass Rückschläge keine Misserfolge sind, sondern Gelegenheiten, zu lernen und zu wachsen. Es gab eine Zeit, in der ich das Gefühl hatte, alle meine Fortschritte zunichte gemacht zu haben, wenn ich einen Tag lang eine Gewohnheit nicht einhielt. Aber durch Nachverfolgung und Reflexion habe ich diese Momente als Teil des Prozesses gesehen. Immer wenn ich eine Gewohnheit nicht einhalte, frage ich mich, was passiert ist und was ich beim nächsten Mal anders machen kann.

Zum Beispiel hatte ich einmal Schwierigkeiten, meine abendliche Gewohnheit des Tagebuchschreibens beizubehalten, weil ich immer wieder von meinem Handy abgelenkt wurde. Nachdem ich über dieses Muster nachgedacht hatte, stellte ich eine Regel auf:

30 Minuten vor dem Schlafengehen keine Bildschirme. Diese kleine Änderung machte einen großen Unterschied und ermöglichte es mir, mich ohne Ablenkungen auf das Tagebuchschreiben zu konzentrieren.

Fortschritte feiern

Schließlich habe ich gelernt, wie wichtig es ist, Fortschritte zu feiern, egal wie klein sie auch sein mögen. Immer wenn ich einen Moment des Aufschubs überwinde oder eine Störung umgehe, erkenne ich meine Leistung an. Das kann bedeuten, dass ich mir selbst ein mentales High-Five gebe oder mir etwas Kleines gönne, wie eine Tasse meines Lieblingstees. Diese kleinen Freuden bestärken mich in der Überzeugung, dass es sich lohnt, Fortschritte zu feiern, selbst wenn sie nur klein sind, und sie motivieren mich, weiterzumachen.

Chapter 10
Langfristige Ausrichtung und Produktivität aufrechterhalten

Überprüfung und Reflexion

ES IST ZUTIEFST BEFRIEDIGEND, die greifbaren Ergebnisse seiner Bemühungen zu sehen. Einer der lohnendsten Aspekte beim Aufbau von Gewohnheiten ist es, einen Moment innezuhalten und darüber nachzudenken, was funktioniert, was nicht und wie weit ich gekommen bin. Bei diesem Prozess geht es nicht nur darum, sich selbst auf die Schulter zu klopfen, sondern darum, das Bewusstsein zu schärfen und diese Erkenntnisse zu nutzen, um sich weiter zu verbessern. Die regelmäßige Überprüfung und Reflexion Ihrer Gewohnheiten ist wie die Pflege eines Gartens – Sie schauen nach, was gedeiht, schneiden, was nicht, und nehmen Anpassungen vor, um langfristiges Wachstum zu gewährleisten.

Als ich mich zum ersten Mal mit den 10-Minuten-Übungen befasste, tat ich dies mit Enthusiasmus, aber ohne eine klare Strategie. Einige Gewohnheiten blieben bestehen, während andere schnell wieder verschwanden. Erst als ich anfing, meine Fortschritte zu verfolgen und über die Ergebnisse nachzudenken, erkannte ich die praktischen Vorteile dieses Prozesses. Die Reflexion war das fehlende Puzzleteil, das es mir ermöglichte, meinen Ansatz zu verfeinern und langfristig konsequent zu bleiben.

Die Praxis der regelmäßigen Bewertung

Eine Gewohnheit, die meine Reise maßgeblich beeinflusst hat, war, mir jede Woche ein paar Minuten Zeit zu nehmen, um meine Fortschritte zu bewerten. Bei dieser regelmäßigen Bewertung, die oft von einer Tasse Tee und meinem Tagebuch begleitet wurde, stellte ich mir eine Reihe einfacher, aber tiefgründiger Fragen: *Was lief diese Woche gut? Was lief nicht wie geplant? Welche Gewohnheiten fielen mir leicht und welche fielen mir schwer?*

Bei diesen Sitzungen ging es nicht darum, perfekt zu sein oder mich dafür fertigzumachen, dass ich versagt habe. Es ging darum, Klarheit zu gewinnen. Zum Beispiel wurde mir während einer dieser Reflexionsphasen klar, dass meine Gewohnheit, abends zu meditieren, oft ins Leere lief, weil ich sie bis kurz vor dem Schlafengehen aufschob, wenn ich bereits erschöpft war. Diese Gewohnheit auf den späten Nachmittag zu verlegen, machte den Unterschied. Ohne diesen Moment der Reflexion hätte ich die Meditation vielleicht ganz aufgegeben, weil ich dachte, sie sei nichts für mich.

Fortschritte im Laufe der Zeit verfolgen

Wenn es darum geht, Gewohnheiten zu entwickeln, kann es unglaublich motivierend sein, seine Fortschritte vor Augen zu haben. Deshalb habe ich angefangen, meine Gewohnheiten zu verfolgen, zunächst mit einem einfachen Papierjournal und später mit digitalen Tools. Es hat etwas Kraftvolles, auf den vergangenen Monat zurückzublicken und zu erkennen, dass man immer noch aufgetaucht ist, auch wenn man keine Lust dazu hatte. Es erzeugt ein Gefühl von Schwung – eine Erinnerung daran, dass jede kleine Handlung zählt.

Als ich zum Beispiel daran arbeitete, mir das Schreiben zur Gewohnheit zu machen, benutzte ich einen Gewohnheitstracker, um jeden Tag aufzuzeichnen, an dem ich mindestens 10 Minuten lang schrieb. An manchen Tagen wurden aus diesen 10 Minuten eine Stunde, an anderen waren es alles, was ich schaffte. Aber diese aufeinanderfolgenden Häkchen zu sehen, machte mir Lust, weiterzumachen. Es verwandelte den Akt des Schreibens in eine Serie, die ich nicht unterbrechen wollte, und diese visuelle Erinnerung reichte oft aus, um mich durch Momente des Widerstands zu bringen.

Anpassung auf der Grundlage von Feedback

Bei der Reflexion geht es nicht nur darum, zurückzublicken, sondern darum, das Gelernte zu nutzen, um voranzukommen. Als ich meine Gewohnheiten überprüfte, bemerkte ich Muster. Manchmal hielt eine Gewohnheit nicht an, weil sie nicht mit meinen aktuellen Prioritäten übereinstimmte. Ein anderes Mal wurde mir klar, dass ich die Gewohnheit einfacher oder angenehmer gestalten musste. Diese Erkenntnis brachte ein Gefühl der Erleichterung mit sich und versicherte mir, dass ich meine Gewohnheiten an meine Bedürfnisse anpassen konnte.

Eine Gewohnheit, mit der ich anfangs zu kämpfen hatte, war das morgendliche Dehnen. Ich hatte mir zum Ziel gesetzt, eine 10-minütige Routine durchzuführen, ließ sie aber immer wieder aus, weil sie mir morgens zu entmutigend vorkam. Nachdem ich darüber nachgedacht hatte, reduzierte ich sie auf nur zwei Minuten leichtes Dehnen. Als ich erst einmal in den Rhythmus gekommen war, verlängerte ich die Übung ganz natürlich, und ehe ich mich versah, war ich wieder bei den vollen 10 Minuten. Der Schlüssel war zu erkennen, dass die Gewohnheit mich dort abholen musste, wo ich mich gerade befand, und nicht dort, wo ich dachte, dass ich sein „sollte".

Die Macht der Anpassungen

Eine der befreiendsten Erkenntnisse, die ich gewonnen habe, ist, dass Gewohnheiten nicht in Stein gemeißelt sind. Sie sind dynamisch und entwickeln sich mit uns weiter. Anpassungen sind kein Zeichen von Versagen, sondern ein Zeichen von Wachstum. Ob es darum geht, den Zeitpunkt einer Gewohnheit zu verschieben, einen anderen Ansatz zu versuchen oder sogar eine Gewohnheit vorübergehend zu unterbrechen, um sich auf etwas anderes zu konzentrieren – diese Änderungen sorgen dafür, dass Ihre Gewohnheiten nachhaltig sind.

Zum Beispiel habe ich in einer hektischen Arbeitsphase meine Gewohnheit, Tagebuch zu führen, ausgelassen, weil es sich wie eine weitere Aufgabe auf meiner bereits überladenen To-do-Liste anfühlte. Anstatt die Gewohnheit ganz aufzugeben, habe ich sie angepasst. Anstatt einen vollständigen Eintrag zu schreiben, habe ich nur einen Satz über meinen Tag notiert. Es war nicht viel, aber es hielt die Gewohnheit am Leben und ermöglichte es mir, sie wieder vollständig aufzunehmen, sobald sich die Dinge beruhigt hatten.

Große und kleine Erfolge feiern

Beim Reflektieren geht es nicht nur darum, Herausforderungen zu erkennen, sondern auch darum, Erfolge zu feiern. Wenn Sie sich die Zeit nehmen, Ihre Fortschritte anzuerkennen – auch wenn sie noch so klein erscheinen – wird Ihre Anstrengung belohnt und Sie bleiben motiviert, weiterzumachen. Es ist wichtig, Ihre Bemühungen und die erzielten Fortschritte zu würdigen, egal wie klein sie auch sein mögen. Dieses Gefühl der Wertschätzung kann eine starke Motivation sein, die Sie ermutigt, weiterzumachen.

Reflektieren als langfristige Praxis

Einer der Gründe, warum Reflexion so wirkungsvoll ist, liegt darin, dass sie Sie mit dem „Warum" hinter Ihren Gewohnheiten in Verbindung hält. Mit der Zeit kann man leicht aus den Augen verlieren, warum man eine bestimmte Gewohnheit überhaupt erst begonnen hat. Reflexion bringt Sie zu diesem Zweck zurück und hilft Ihnen, den Kurs zu korrigieren, wenn Sie vom Kurs abgekommen sind. Auf diese Weise können Sie sich an Ihren Zielen orientieren und sicherstellen, dass Ihre Gewohnheiten Ihnen auch weiterhin dienen, wenn sich Ihre Bedürfnisse und Prioritäten weiterentwickeln.

Ich habe festgestellt, dass ich immer intuitiver werde, je mehr ich mich in der Reflexion übe. Heutzutage brauche ich nicht immer eine formelle Sitzung, um meine Gewohnheiten zu bewerten; oft reicht eine kurze mentale Überprüfung aus. Dennoch nehme ich mir regelmäßig Zeit für tiefgreifendere Reflexionen, insbesondere am Ende eines jeden Monats oder wenn ich mir neue Ziele setze. Diese Momente der bewussten Reflexion sind zu einem Eckpfeiler meines Gewohnheitsbildungsprozesses geworden und ermöglichen es mir, jede neue Herausforderung mit Klarheit und Selbstvertrauen anzugehen.

Kontinuierliches Lernen und Anpassen

Eine der transformativsten Erkenntnisse auf meinem persönlichen Entwicklungsweg war die Einsicht, dass der Aufbau besserer Gewohnheiten nie wirklich abgeschlossen ist. Es ist eine dynamische, sich ständig weiterentwickelnde Erfahrung, die die Bereitschaft erfordert, sich anzupassen, zu experimentieren und neue Ideen anzunehmen. Die Gewohnheit, meine Gewohnheiten und Produktivitätstechniken kontinuierlich zu verfeinern, ist zu einer Praxis und Denkweise geworden, die mich motiviert und bei der Stange hält.

Zum Beispiel verbindet das Gewohnheitsstapeln, eine von James Clear in *Atomic Habits* eingeführte Methode, eine neue Gewohnheit mit einer bestehenden. Ich habe meine Gewohnheit, abends über den Tag nachzudenken, mit dem Zähneputzen verbunden, und es hat hervorragend funktioniert. Diese einfache, aber effektive Technik ist nur eine von vielen Gewohnheiten und Techniken, mit denen ich auf meinem persönlichen Entwicklungsweg experimentiert habe.

Der Wert, auf dem Laufenden zu bleiben

Sich über neue Produktivitätstechniken auf dem Laufenden zu halten, bedeutet nicht nur, das nächste große Ding zu finden, sondern auch, seine Praktiken frisch und relevant zu halten. Die Welt verändert sich ständig, ebenso wie die Werkzeuge und Strategien, die uns dabei helfen können, uns darin zurechtzufinden. Mir ist beispielsweise aufgefallen, wie technologische Fortschritte unsere Herangehensweise an Zeitmanagement und Konzentration revolutioniert haben. Von Apps, die Ablenkungen blockieren, bis hin zu KI-gesteuerten Tools, die Arbeitsabläufe optimieren, gibt es heute eine Fülle von Ressourcen, die es vor einem Jahrzehnt noch nicht gab.

Aber um auf dem Laufenden zu bleiben, braucht es mehr als nur Technologie. Es geht auch darum, von anderen zu lernen, durch Bücher, Artikel, Podcasts oder Gespräche mit Gleichgesinnten. Einige meiner wertvollsten Erkenntnisse habe ich an unerwarteten Orten gewonnen, wie bei einem lockeren Gespräch mit einem Freund, der auf die Zwei-Minuten-Regel schwört, um dem Aufschieben entgegenzuwirken. Jede neue Information fühlt sich an, als würde ich meinem Produktivitäts-Werkzeugkasten ein weiteres Werkzeug hinzufügen.

Experimentieren mit neuen Techniken

Das Schöne am kontinuierlichen Lernen ist, dass es zum Experimentieren einlädt. Nicht jede Technik wird Ihnen zusagen, aber jede bietet die Möglichkeit, mehr darüber zu erfahren, was für Ihre individuellen Bedürfnisse und Vorlieben funktioniert. Ich war skeptisch, als ich zum ersten Mal von der Pomodoro-Technik hörte. Bei dieser Zeitmanagementmethode wechseln sich konzentrierte Arbeitsintervalle mit kurzen Pausen ab. Sie schien mir zu starr, und ich befürchtete, dass sie meinen kreativen Fluss stören würde. Aber nachdem ich es ausprobiert hatte, fand ich es überraschend effektiv, insbesondere für Aufgaben, die eine hohe Konzentration erforderten.

Diese Experimente haben mich gelehrt, neue Techniken mit Neugierde statt mit Vorurteilen anzugehen. Einige Methoden sind zu festen Bestandteilen meiner Routine geworden, während andere beiseitegelegt wurden. Aber selbst die, die nicht übernommen wurden, haben mir etwas Wertvolles beigebracht – über meinen Arbeitsstil, meine Vorlieben und wie ich meinen Tag besser strukturieren kann.

Veränderungen und Innovationen annehmen

Es ist nicht immer einfach, offen für Veränderungen zu sein. Ich erinnere mich an eine Zeit, in der ich an bestimmten Gewohnheiten oder Routinen festhielt, nur weil sie mir vertraut waren, auch wenn sie mir nicht mehr dienten. Um diese Muster loszulassen, musste ich meine Einstellung ändern – ich musste bereit sein, zuzugeben, dass Wachstum oft mit Unbehagen verbunden ist.

Eine meiner größten Herausforderungen war der Wechsel von einem traditionellen Papierplaner zu einer digitalen Aufgabenverwaltungs-App. Ich liebte das haptische Erlebnis, Dinge aufzuschreiben, und sträubte mich lange Zeit gegen die Digitalisierung. Nachdem ich jedoch umgestiegen war, stellte ich fest, wie viel effizienter und flexibler digitale Tools sein können. Ich konnte meine Aufgaben geräteübergreifend synchronisieren,

Erinnerungen einrichten und meine Pläne ganz einfach anpassen. Das hat mich daran erinnert, dass man, wenn man sich auf Innovationen einlässt, nicht auf das verzichten muss, was einem wichtig ist, sondern Wege finden muss, es zu verbessern.

Aus Rückschlägen lernen

Nicht jeder Anpassungsversuch ist erfolgreich, und das ist völlig normal. Einige meiner wertvollsten Lektionen habe ich aus Momenten des Scheiterns gelernt. So habe ich zum Beispiel einmal versucht, mir ein morgendliches Workout anzugewöhnen, das auf dem Rat eines Fitnessexperten für hochintensives Intervalltraining (HIIT) basierte. Ich war zwar begeistert von den potenziellen Vorteilen, merkte aber schnell, dass ich mich durch die Intensität für den Rest des Tages ausgelaugt fühlte. Anstatt mich zu zwingen, dabei zu bleiben, wechselte ich zu einer sanfteren Routine aus Yoga und Stretching, die besser zu meinem Energielevel passte. Diese Erfahrung hat mich in der Überzeugung bestärkt, dass Scheitern nicht das Ende der Geschichte ist, sondern ein Sprungbrett, um herauszufinden, was wirklich funktioniert.

Diese Erfahrungen haben mir gezeigt, wie wichtig Selbstbewusstsein und Flexibilität sind. Sie haben auch die Idee bestärkt, dass Scheitern nicht das Ende der Geschichte ist – es ist ein Sprungbrett, um herauszufinden, was wirklich funktioniert. Indem ich mir meiner eigenen Bedürfnisse bewusst war und flexibel vorging, konnte ich eine Routine finden, die besser zu mir passte. Dieses Gefühl der Selbstbestimmung und Kontrolle über meinen eigenen Wachstumsprozess wünsche ich Ihnen allen.

Eine wachstumsorientierte Denkweise kultivieren

Eine wachstumsorientierte Denkweise ist das Herzstück des kontinuierlichen Lernens und der Anpassung – der Glaube, dass unsere Fähigkeiten und Gewohnheiten durch Anstrengung und Ausdauer ständig verbessert werden können. Diese Denkweise war ein Leitprinzip auf meinem Weg. Sie ermutigt mich, immer wieder neue Techniken zu erforschen, auch wenn ich das Gefühl habe, an eine Grenze gestoßen zu sein. Sie erinnert mich daran, dass jede noch so kleine Anpassung das Potenzial hat, einen positiven Wandel in Gang zu setzen.

Eine Möglichkeit, diese Denkweise zu fördern, besteht darin, Fortschritte zu feiern, egal wie klein sie auch sein mögen, sei es die erfolgreiche Integration einer neuen Gewohnheit oder einfach die Zeit, über das nachzudenken, was funktioniert. Diese Momente der Anerkennung befeuern meine Motivation, weiter zu lernen und zu wachsen.

Balance halten

Als mir zum ersten Mal die Gefahr von Produktivität ohne Ausgleich bewusst wurde, stand ich kurz vor einem Burnout. Ich hatte mich dazu gedrängt, jeden Produktivitäts-Hack anzuwenden, auf den ich stieß, weil ich glaubte, dass mehr Leistung gleichbedeutend mit mehr Erfolg sei. Meine Tage waren vollgepackt mit straff geplanten Aufgaben. Dennoch ignorierte ich die subtilen Warnsignale – Erschöpfung, Reizbarkeit und ein schleichendes Gefühl der Unzufriedenheit. Die Ironie traf mich hart, als mir klar wurde, dass ich in meinem Bestreben, jeden Moment zu optimieren, die Grundlage meines Fokus vernachlässigt hatte: mein Wohlbefinden.

Es war ein demütigender Weckruf, der meine Herangehensweise an Produktivität neu formte. Ziele zu erreichen und den Fokus beizubehalten sind unerlässlich, aber nicht auf Kosten der körperlichen Gesundheit, der emotionalen Stabilität und der persönlichen Freude. Mit der Zeit lernte ich, dass Produktivität aus Harmonie entsteht – einem Gleichgewicht zwischen dem Streben nach Erfolg und der Sorge um sich selbst.

Die Kosten eines Ungleichgewichts verstehen

Wenn wir über Produktivität nachdenken, ist es einfach, sich nur auf das Ergebnis zu konzentrieren: Aufgaben erledigen, Fristen einhalten und Meilensteine erreichen. Aber ungezügelter Ehrgeiz kann zu sinkenden Erträgen führen. Studien haben gezeigt, dass chronischer Stress und Überarbeitung die kognitive Funktion beeinträchtigen, die Kreativität verringern und die Motivation mit der Zeit senken. Schlimmer noch, sie können sich negativ auf Beziehungen und die allgemeine Lebensqualität auswirken.

Ich habe dies bei einem besonders anspruchsvollen Projekt am eigenen Leib erfahren. Ich war so entschlossen, eine knappe Frist einzuhalten, dass ich Mahlzeiten ausließ, weniger schlief und mich von Freunden und Familie isolierte. Ich konnte das Projekt zwar rechtzeitig abschließen, aber das Erfolgserlebnis war nur von kurzer Dauer. Ich fühlte mich ausgelaugt und unverbunden und brauchte Wochen, um mich zu erholen.

Wenn ich an diese Zeit zurückdenke, wird mir klar, wie wichtig es ist, die Warnsignale eines Ungleichgewichts zu erkennen, bevor sie eskalieren. Produktivität bedeutet nicht nur, härter zu arbeiten, sondern auch, intelligenter zu arbeiten, und dazu gehört auch, zu wissen, wann man sich ausruhen, neue Energie tanken und einen Schritt zurücktreten muss.

Selbstfürsorge in die Produktivität integrieren

Eine der wichtigsten Lektionen, die ich gelernt habe, ist, dass Selbstfürsorge kein Luxus ist – sie ist eine Notwendigkeit. Sie ist die Grundlage für nachhaltige Konzentration und Leistung. Anfangs war diese Idee für mich nicht nachvollziehbar. Ich hatte

Angst, dass ich durch die Zeit, die ich in meine Selbstfürsorge investiere, weniger Dinge erledigen kann. Ich bemerkte jedoch eine bemerkenswerte Veränderung, als ich Aktivitäten priorisierte, die meinen Geist und Körper nährten. Mein Energielevel verbesserte sich, meine Konzentration wurde geschärft und ich fühlte mich widerstandsfähiger, wenn ich mich Herausforderungen stellte.

Selbstfürsorge beginnt mit ausreichend Schlaf, regelmäßiger Bewegung und nahrhaften Mahlzeiten. Ich habe auch festgestellt, wie wichtig es ist, sich Zeit für Aktivitäten zu nehmen, die mir Freude bereiten, sei es ein gutes Buch zu lesen, Zeit in der Natur zu verbringen oder sich mit geliebten Menschen zu treffen. Diese Momente der Erholung sind keine Ablenkungen, sondern Investitionen in mein Wohlbefinden und steigern letztlich meine Produktivität.

Die Rolle von Grenzen

Um das Gleichgewicht zu halten, sind auch klare Grenzen erforderlich, womit ich jahrelang zu kämpfen hatte. Ich war immer stolz darauf, für andere immer erreichbar zu sein, sei es durch das Beantworten von E-Mails zu später Stunde oder das Erfüllen von Last-Minute-Anfragen. Aber dieser Mangel an Grenzen führte dazu, dass ich mich überfordert und verärgert fühlte.

Zu lernen, Nein zu sagen, war ein Wendepunkt. Anfangs fühlte es sich unangenehm an, sogar egoistisch. Dennoch erinnerte ich mich daran, dass jedes Ja zu einer Sache ein Nein zu etwas anderem bedeutet. Indem ich mir Grenzen für meine Zeit und Energie setzte, schuf ich Raum für das, was wirklich wichtig war – sowohl in meiner Arbeit als auch in meinem Privatleben. Es war eine Erleichterung zu erkennen, dass ich meine Zeit und Energie kontrollieren konnte, und es war ein Gefühl des Trostes zu wissen, dass ich Prioritäten setzte, was mir wirklich wichtig war.

Ich habe mir beispielsweise die Regel auferlegt, nach 19 Uhr keine E-Mails mehr zu lesen und das Wochenende für Entspannung und Zeit mit der Familie zu reservieren. Diese kleine Änderung hat einen großen Unterschied gemacht. Dadurch konnte ich meine Batterien wieder vollständig aufladen, was mich während meiner Arbeitszeit effektiver und konzentrierter machte.

Ziele mit Wohlbefinden in Einklang bringen

Ein weiterer entscheidender Aspekt, um das Gleichgewicht zu halten, ist die Ausrichtung Ihrer Ziele auf Ihre Werte und Ihr Wohlbefinden. Wenn meine Ziele sinnvoll sind und mit meinen Leidenschaften übereinstimmen, habe ich festgestellt, dass der Weg genauso erfüllend ist wie das Ziel. Andererseits führt das Verfolgen von Zielen, die im

Widerspruch zu meinen Werten oder Prioritäten stehen, oft zu Frustration und Burnout. Es ist inspirierend zu sehen, wie die Ausrichtung Ihrer Ziele auf Ihre Werte Freude und Erfüllung bringen kann, und es ist ein starker Motivator, weiterzumachen.

Ich erinnere mich daran, dass ich mir im Rahmen einer beruflichen Tätigkeit das Ziel gesetzt hatte, meine Präsenz in den sozialen Medien zu erhöhen. Das Ziel an sich war zwar berechtigt, aber die Art und Weise, wie ich es anging, nicht. Ich verbrachte Stunden damit, Beiträge zu verfassen, auf Kommentare zu antworten und Kennzahlen zu analysieren, oft auf Kosten meiner Zeit. Erst als ich meinen Ansatz neu bewertete, wurde mir klar, dass ich mit einer ausgewogeneren Strategie die gleichen Ergebnisse erzielen konnte. Ich holte mir meine Abende zurück, indem ich Aufgaben bündelte und die Nutzung der sozialen Medien einschränkte. Ich fand einen gesünderen Weg, um mit meinem Publikum in Kontakt zu treten.

Die Kraft der Ruhe nutzen

Ruhe ist nicht nur eine Pause von der Produktivität, sondern ein wesentlicher Bestandteil des Prozesses. Das habe ich auf die harte Tour gelernt. Jahrelang habe ich Ruhe mit Faulheit gleichgesetzt und mich schuldig gefühlt, wenn ich mir frei genommen habe. Aber die Forschung – und meine persönliche Erfahrung – haben mir gezeigt, dass in der Ruhe Kreativität, Klarheit und Belastbarkeit entstehen. Es ist wichtig zu verstehen, dass Ruhe kein Zeichen von Schwäche ist, sondern ein notwendiger Teil des Prozesses, und es ist in Ordnung, eine Pause zu machen, wenn man sie braucht.

Eine der Gewohnheiten, die ich am meisten verändert habe, ist, mir regelmäßig Pausen im Laufe des Tages zu gönnen. Selbst eine zehnminütige Pause, in der ich mich dehne, tief durchatme oder einfach nur aus dem Fenster schaue, kann Wunder für meine Konzentration und Energie bewirken. Ich habe auch die Idee längerer Pausen angenommen, sei es ein Wochenendausflug oder ein ganzer Tag, an dem ich nichts Produktives tue. Diese Momente der Ruhe sind keine verschwendete Zeit; sie sind Gelegenheiten, neue Energie zu tanken und mit neuer Begeisterung an meine Arbeit zurückzukehren.

Kleine Erfolge feiern

Ein Gleichgewicht zu halten bedeutet auch, den Weg zu feiern, nicht nur das Ziel. Ich habe gelernt, die kleinen Erfolge auf dem Weg zu schätzen – die Momente des Fortschritts, die gelernten Lektionen und die Freude, einfach da zu sein. Diese Erfolge erinnern uns daran, dass Erfolg nicht nur am Ergebnis gemessen wird, sondern auch an dem Wachstum und der Erfüllung, die wir erleben.

Eines meiner Lieblingsrituale ist es, am Ende jeder Woche über meine Erfolge nachzudenken. Ob ich eine anspruchsvolle Aufgabe erledigt, einen Rückschlag überwunden oder Zeit für mich selbst gefunden habe – ich lege Wert darauf, diese Momente anzuerkennen und zu feiern. Diese Gewohnheit steigert meine Motivation und unterstreicht die Bedeutung eines ausgewogenen Lebensstils für das Erreichen meiner Ziele.

Chapter 11
Schlussfolgerung

Schlussbemerkungen: Die Kraft kleiner, beständiger Handlungen

WENN ICH HIER SITZE und über den Entstehungsprozess dieses Buches nachdenke, wird mir eine einfache, aber tiefgreifende Wahrheit bewusst: Die bedeutendsten Veränderungen im Leben kommen selten von umfassenden, großen Gesten. Stattdessen entstehen sie aus den kleinen, konsequenten Handlungen, die wir täglich ausführen – Handlungen, die sich im Laufe der Zeit zu etwas Bemerkenswertem zusammenfügen. Dieses Prinzip ist nicht nur ein Konzept, das ich theoretisch erforscht habe; es ist eine Realität, die ich gelebt, durch die ich mich hindurchgekämpft und die ich zutiefst zu schätzen gelernt habe.

Als ich anfing, mit 10-Minuten-Gewohnheiten zu experimentieren, war ich skeptisch. Konnten so kurze Phasen konzentrierter Anstrengung meine Produktivität, Konzentration oder mein Erfolgserlebnis verbessern? Die Antwort kam nicht in einer plötzlichen Erleuchtung, sondern in der stetigen Veränderung, die ich über Wochen und Monate hinweg bemerkte. Aufgaben, die sich früher überwältigend anfühlten, wurden überschaubar. Momente der Ablenkung wurden durch Phasen der Klarheit ersetzt. Am wichtigsten war, dass ich wieder die Kontrolle über meine Zeit und Energie hatte.

Eine Verpflichtung auf die Reise

Allen, die diesen Punkt im Buch erreicht haben, möchte ich meine Anerkennung für die Anstrengungen aussprechen, die sie auf sich genommen haben, um hierher zu gelangen. Über neue Gewohnheiten zu lesen, darüber nachzudenken, wie sie in Ihr Leben passen, und sich zu Veränderungen zu verpflichten, ist keine Kleinigkeit. Es erfordert Neugier, Mut und die Offenheit für Wachstum. Diese Eigenschaften sind die Grundlage für Erfolg und werden Ihnen bei der Umsetzung Ihrer Erkenntnisse gute Dienste leisten.

Ich weiß aus eigener Erfahrung, wie schwierig es sein kann, neue Gewohnheiten beizubehalten, insbesondere wenn das Leben hektisch wird oder man das Gefühl hat, nur langsam voranzukommen. Es gab Tage, an denen ich an mir selbst zweifelte, mein Enthusiasmus nachließ und alte Muster wieder aufkamen. Aber jedes Mal erinnerte ich mich daran, warum ich damit angefangen hatte. Ich erinnerte mich daran, dass selbst die kleinste Handlung – ein einziger tiefer Atemzug, eine kurze Reflexion in meinem Tagebuch oder eine achtsame Pause – ein Schritt nach vorne war. Und jeder Schritt, egal wie klein, zählte.

Der Welleneffekt der Beständigkeit

Das Bemerkenswerte an kleinen, beständigen Handlungen ist ihr Welleneffekt. Wenn Sie sich nur eine Gewohnheit aneignen – eine tägliche 10-minütige Konzentrationssitzung, eine kurze Achtsamkeitsübung oder die Verpflichtung, mehr zu trinken – lösen Sie eine Kettenreaktion aus. Diese eine Gewohnheit beeinflusst Ihre Denkweise, Ihre Energie und Ihr Selbstvertrauen. Sie erzeugt eine Eigendynamik, die sich auf andere Bereiche Ihres Lebens überträgt.

Eine 10-minütige Gewohnheit, jeden Abend Tagebuch zu führen, führte zu einem tieferen Bewusstsein dafür, wie ich meine Tage verbrachte. Dieses Bewusstsein ermutigte mich, meine Aufgaben effektiver zu priorisieren, wodurch Zeit für körperliche Aktivität und Entspannung frei wurde. Ehe ich mich versah, fühlten sich meine Abende zielgerichteter an, meine Morgen energiegeladener und meine Tage produktiver. All dies begann mit einer scheinbar kleinen Gewohnheit.

Anerkennung Ihres Engagements

Wenn Sie die Ideen in diesem Buch umgesetzt haben, bewirken Sie bereits etwas in Ihrem Leben. Ganz gleich, ob Sie sich dafür entschieden haben, sich auf die Bewältigung digitaler Ablenkungen zu konzentrieren, eine Morgenroutine zu schaffen oder Herausforderungen mit einer Wachstumsmentalität anzunehmen, Ihre Bemühungen sind wichtig. Jedes Mal, wenn Sie für sich selbst einstehen, bekräftigen Sie eine starke Botschaft: dass Ihre Ziele und Ihr Wohlbefinden die erforderliche Zeit und Aufmerksamkeit wert sind.

Ich möchte mir einen Moment Zeit nehmen, um dieses Engagement zu feiern. Es ist nicht einfach, sich in einer Welt voller Ablenkungen zu konzentrieren. Es ist eine Herausforderung, der Selbstfürsorge Priorität einzuräumen, wenn die Anforderungen einen in verschiedene Richtungen ziehen. Und es ist sicherlich nicht einfach, konsequent zu bleiben, wenn die Ergebnisse erst nach einiger Zeit sichtbar werden. Aber Sie haben sich dafür entschieden, in sich selbst zu investieren, und darauf können Sie stolz sein.

Langfristiger Erfolg durch kleine Schritte

Denken Sie bei Ihrem weiteren Weg daran, dass die Gewohnheiten, die Sie sich angeeignet haben, und die Strategien, die Sie erlernt haben, Werkzeuge sind, keine Regeln. Es wird Tage geben, an denen sich das Leben chaotisch anfühlt, Ablenkungen überhandnehmen oder alte Gewohnheiten wieder auftauchen. An diesen Tagen ist es wichtig, sich selbst Nachsicht zu zeigen. Das Schöne an kleinen, beständigen Handlungen ist, dass sie immer für Sie verfügbar sind, egal wo Sie sich befinden oder was in Ihrem Leben passiert.

Eine meiner wertvollsten Lektionen ist, dass es beim Erfolg nicht um Perfektion geht, sondern um Beharrlichkeit. Es geht darum, sich zu zeigen, auch wenn es schwer ist. Es geht darum, Fortschritt der Perfektion vorzuziehen und sich daran zu erinnern, dass jede Anstrengung zählt. Egal, ob Sie 10 oder nur 2 Minuten Zeit haben, allein das Erscheinen bewirkt Veränderungen.

Eine gemeinsame Reise

Das Schreiben dieses Buches war eine zutiefst persönliche Reise, aber auch eine Reise der Verbundenheit. Während ich schrieb, dachte ich über unsere Herausforderungen nach, wie wir unser geschäftiges Leben meistern, konzentriert bleiben und ein Gleichgewicht finden können. Ich dachte an die Momente des Zweifels und die Triumphe des Fortschritts. Und ich dachte daran, wie kraftvoll es ist zu wissen, dass wir nicht allein sind.

Sie und ich sind Teil einer Gemeinschaft, die danach strebt, bewusster zu leben, sich auf das Wesentliche zu konzentrieren und positive Veränderungen zu bewirken. Ihr Weg mag anders aussehen als meiner, und Ihre Ziele mögen einzigartig sein, aber wir haben ein gemeinsames Ziel: ein erfülltes Leben zu führen, mit Fokus, Freude und Sinn. Gemeinsam können wir uns auf diesem Weg gegenseitig unterstützen und inspirieren.

Eine abschließende Reflexion

Wenn Sie die letzten Seiten dieses Buches aufschlagen, lade ich Sie ein, über Ihre Reise nachzudenken. Was haben Sie über sich selbst gelernt? Welche Gewohnheiten haben Sie Ihren Zielen näher gebracht? Nehmen Sie sich einen Moment Zeit, um Ihre Bemühungen und die erzielten Fortschritte zu feiern. Diese Reflexion wird Sie nicht nur stolz machen, sondern Sie auch motivieren, auf den erzielten Fortschritten weiter aufzubauen.

Nehmen Sie sich einen Moment Zeit, um Ihre Bemühungen zu feiern. Ganz gleich, wo Sie sich auf Ihrer Reise befinden, Sie haben einen Schritt in Richtung größerer

Konzentration und Produktivität getan. Dieser Schritt ist wichtig. Er ist der Anfang einer Welle, die sich weiter ausbreiten und jeden Teil Ihres Lebens berühren wird.

Vielen Dank, dass ich Sie auf Ihrer Reise begleiten durfte. Dieses Buch zu schreiben, war eine Herzensangelegenheit, und ich hoffe, dass es Ihnen als Begleiter und Ratgeber auf Ihrem weiteren Weg dienen wird. Sie selbst bestimmen, welchen Weg Sie einschlagen, eine kleine, konsequente Handlung nach der anderen. Und ich zweifle nicht daran, dass die Gewohnheiten, die Sie heute entwickeln, zu einer Zukunft voller Klarheit, Erfolg und Erfüllung führen werden.

Ihre nächsten Schritte: Eine Reise des Wachstums und der Inspiration

Zum Abschluss dieses Buches möchte ich über das immense Potenzial nachdenken, das in den Seiten steckt, die Sie gerade gelesen haben. Das Schreiben dieses Buches war eine zutiefst persönliche Reise, die von Momenten der Selbstbeobachtung, der Entdeckung und dem tiefen Wunsch geprägt war, das Gelernte zu teilen. Dieses Buch soll jedoch kein Schlusswort sein; es ist eine Einladung – ein Sprungbrett auf Ihrer Reise zu einem Leben mit mehr Fokus, Produktivität und Erfüllung.

Als Sie dieses Buch in die Hand nahmen, waren Sie vielleicht auf der Suche nach Lösungen, um Ihre täglichen Routinen zu verbessern, oder einfach nur neugierig, was 10-Minuten-Gewohnheiten bewirken können. Unabhängig davon, wo Sie angefangen haben, hoffe ich, dass Sie sich befähigt fühlen, das Gelernte zu Ihrem eigenen zu machen. Die Strategien und Praktiken in diesen Kapiteln sind Werkzeuge, aber Ihr Engagement, sie anzuwenden, wird wirklich einen Unterschied machen.

Das Buch als Nachschlagewerk

Gewohnheiten sind nicht statisch. Sie entwickeln sich wie wir weiter und werden von unseren sich ändernden Prioritäten, Zielen und Umständen geprägt. Dieses Buch ist so konzipiert, dass Sie es immer wieder zur Hand nehmen können, wenn Sie auf Ihrem Weg zu mehr Produktivität einen Neustart oder einen Schub benötigen. Betrachten Sie es als einen zuverlässigen Begleiter, an den Sie sich wenden können, wenn Sie Inspiration, Anleitung oder auch nur einen sanften Schubs in die richtige Richtung benötigen.

Ich empfehle Ihnen, die Abschnitte zu markieren, die Sie am meisten ansprechen oder die Ihre aktuellen Herausforderungen betreffen. Wenn sich Ihr Leben verändert, können verschiedene Teile des Buches eine neue Bedeutung erhalten. Ein Kapitel über den Umgang mit digitalen Ablenkungen kann in einer hektischen Arbeitsphase von unschätzbarem Wert sein, während die Strategien zur Förderung der Geduld ein Balsam für die persönliche Weiterentwicklung sein können. Das Schöne an diesem Ansatz ist, dass Sie nicht alles auf einmal angehen müssen; Sie können auswählen, was Ihnen am relevantesten erscheint, und darauf aufbauen.

Wenn ich mir meine Gewohnheiten anschaue, bin ich oft überrascht, wie sehr sie sich verändert haben – nicht in ihrem Wesen, sondern in der Art und Weise, wie ich sie anpacke. Was sich früher wie eine disziplinierte Anstrengung anfühlte, ist zur zweiten Natur geworden, aber es gibt immer Raum für Verbesserungen. Wenn ich mir diese Ideen wieder vor Augen führe, kann ich mich wieder mit meinen Absichten verbinden. So stelle ich sicher, dass ich nicht nur die Dinge durchziehe, sondern mich weiterentwickle und verbessere.

Fortschritte teilen und andere inspirieren

Einer der lohnendsten Aspekte der Konzentration auf persönliches Wachstum ist der Welleneffekt, den es erzeugt. Die Vorteile gehen über Ihr Leben hinaus, da Sie mehr Fokus und Klarheit entwickeln. Sie wirken sich auf Ihre Beziehungen, Ihre Arbeit und Ihre Interaktion mit der Welt aus. Wenn Sie Ihre Reise teilen, können Sie andere dazu inspirieren, sich auf den Weg zu machen, und eine Gemeinschaft von Menschen schaffen, die nach positiven Veränderungen streben.

Denken Sie an die Menschen, die von dem, was Sie hier gelernt haben, profitieren könnten. Vielleicht ist es ein Freund, der mit Prokrastination zu kämpfen hat, ein Kollege, der eine bessere Work-Life-Balance anstrebt, oder ein Familienmitglied, das sich von den Anforderungen des täglichen Lebens überfordert fühlt. Das Teilen Ihrer Erfahrungen – sei es durch Gespräche, Beiträge in den sozialen Medien über Ihre Fortschritte oder sogar eine kurze Empfehlung, dieses Buch zu lesen – kann eine wirkungsvolle Möglichkeit sein, andere zu ermutigen und aufzubauen.

Ich war zögerlich, als ich anfing, meine Reise mit 10-minütigen Gewohnheiten zu teilen. Würde es jemanden interessieren? Würden sie einen Wert in dem finden, was ich zu sagen hatte? Aber die Resonanz war überwältigend positiv. Die Menschen waren neugierig, inspiriert und begierig darauf, diese Strategien auszuprobieren. Mir wurde klar, dass ich anderen erlaubte, dasselbe zu tun, indem ich meine Herausforderungen und Erfolge teilte.

Sie müssen kein Experte sein, um Ihre Geschichte zu teilen. Oft kommt die Ehrlichkeit und Verletzlichkeit von jemandem, der noch am Lernen ist, am besten an. Indem Sie Ihre

Fortschritte teilen, bekräftigen Sie Ihr Engagement für diese Gewohnheiten und schaffen eine Welle der Motivation, die weit über das hinausgeht, was Sie sich vorstellen können. Scheuen Sie sich also nicht, Ihre Reise zu teilen. Ihre Geschichte könnte jemand anderen dazu inspirieren, seine eigene Reise des Wachstums und der Produktivität zu beginnen.

Freude am Prozess finden
Wenn Sie die in diesem Buch beschriebenen Gewohnheiten weiter umsetzen und verfeinern, denken Sie daran, dass der Weg genauso wichtig ist wie das Ziel. Es wird Momente der Frustration, Rückschläge und Tage geben, an denen Ihre Motivation nachlässt. Aber es wird auch Momente des Triumphs, der Klarheit und der Freude über Ihre Fortschritte geben. Genießen Sie diese Momente der Freude, egal wie klein sie auch erscheinen mögen. Jeder Schritt nach vorne ist ein Beweis für Ihre Belastbarkeit und Entschlossenheit.

Feiern Sie diese Siege, egal wie klein sie auch erscheinen mögen. Haben Sie eine Woche lang an einer neuen Gewohnheit festgehalten? Das ist es wert, gefeiert zu werden. Haben Sie es geschafft, sich nach einem ablenkenden Tag neu zu fokussieren? Feiern Sie auch das. Jeder Schritt nach vorne ist ein Beweis für Ihre Belastbarkeit und Entschlossenheit. Denken Sie daran, es geht nicht nur um das Endziel, sondern auch um die Reise und die Fortschritte, die Sie auf dem Weg dorthin machen.

Ich habe gelernt, dass Erfolg nicht bedeutet, nie zu straucheln, sondern immer wieder auf den Weg zurückzukehren. Bei den Gewohnheiten, die Sie sich aneignen, geht es nicht nur um Produktivität oder Konzentration – es geht darum, ein sinnvolles, bewusstes Leben zu führen, das mit Ihren Werten übereinstimmt. Und das ist etwas, das es wirklich wert ist, gefeiert zu werden.

Blick in die Zukunft
Ich hoffe, dass Sie auf Ihrem weiteren Weg diese Reise weiterhin mit Neugier und Offenheit angehen werden. Es gibt keine Einheitsformel für den Erfolg, was diesen Prozess so spannend macht. Sie können experimentieren, sich anpassen und ein System schaffen, das für Sie einzigartig funktioniert.

Denken Sie daran, dieses Buch ist nur der Anfang. Die eigentliche Arbeit und Belohnung liegen darin, was Sie mit dem Gelernten anfangen. Machen Sie den nächsten Schritt, indem Sie ein Kapitel erneut lesen, eine neue Gewohnheit ausprobieren oder Ihre Fortschritte mit jemandem teilen. Vertrauen Sie auf den Prozess und wissen Sie, dass jede kleine Handlung, die Sie unternehmen, zu einem größeren, erfüllenderen Bild beiträgt.

Vielen Dank, dass ich Sie auf Ihrem Weg begleiten durfte. Dieses Buch zu schreiben, war eine Herzensangelegenheit, und ich hoffe sehr, dass es Ihnen als Inspirationsquelle und Unterstützung auf Ihrem weiteren Weg dienen wird. Ihr Weg ist wertvoll, und ich bin dankbar, ein Teil davon gewesen zu sein. Auf die Kraft kleiner, beständiger Handlungen und die unglaublichen Möglichkeiten, die sie schaffen können.

Chapter 12
Anhänge

Ressourcen für die Weiterbildung: Ihr Tor zur Transformation

Als ich mich zum ersten Mal auf den Weg machte, um meine Konzentration und Produktivität zu verbessern, wurde mir klar, dass der Weg keine gerade Linie, sondern eine kurvenreiche Straße voller Entdeckungen war. Das Schreiben dieses Buches war Teil dieses Weges – die Synthese meiner Erfahrungen, Recherchen und Erkenntnisse. Aber wie ich mir oft sage, gibt es immer noch mehr zu lernen. Das ist das Schöne am persönlichen Wachstum: Es ist unendlich. Deshalb möchte ich Ihnen einige Ressourcen an die Hand geben, die mein Denken und meine Herangehensweise tiefgreifend geprägt haben, und Sie zu weiteren Erkundungen anregen.

Bücher, die mein Denken geprägt haben

Es hat etwas Magisches, ein Buch aufzuschlagen und festzustellen, dass seine Worte mit den aktuellen Herausforderungen übereinstimmen. Für mich war **„Atomic Habits" von James Clear** ein Wendepunkt. Es ist eine Meisterklasse über die Bildung von Gewohnheiten und darüber, wie kleine, schrittweise Veränderungen zu transformativen Ergebnissen führen können. Clears Fähigkeit, die Wissenschaft der Gewohnheiten in umsetzbare Ratschläge zu zerlegen, hat viele der Praktiken inspiriert, die ich in diesem Buch geteilt habe.

Ein weiteres Juwel ist **„Cal Newport's Deep Work",** das sich mit der Bedeutung der Konzentration in einer Zeit der Ablenkungen befasst. Newports Erkenntnisse über die Schaffung von Räumen für ununterbrochene, sinnvolle Arbeit haben mich dazu herausgefordert, meine Tagesstruktur zu überdenken und meine produktivsten Stunden zu schützen.

Und dann gibt es noch **„The Power of Now" von Eckhart Tolle**. Dieses Buch mag für einen Produktivitätsenthusiasten ungewöhnlich erscheinen. Es erinnerte mich jedoch an den Wert der Achtsamkeit – nicht als Produktivitätswerkzeug, sondern als Möglichkeit, wirklich in jedem Moment zu leben. Diese Perspektive beeinflusste die Kapitel über Achtsamkeit und abendliche Entspannungsroutinen.

Artikel, die Anklang finden

Zusätzlich zu Büchern habe ich unzählige Artikel gefunden, die mir Klarheit verschafft haben, als ich sie am dringendsten brauchte. Publikationen wie **Harvard Business Review** und **Psychology Today** veröffentlichen regelmäßig zum Nachdenken anregende Artikel über Konzentration, Produktivität und die Psychologie von Gewohnheiten. Ich empfehle, nach Artikeln zu Themen wie der Neurowissenschaft der Aufmerksamkeit oder Strategien zur Überwindung von Prokrastination zu suchen – sie haben mir oft neue Perspektiven aufgezeigt, die ich mit Ihnen teilen kann.

Ein Artikel, auf den ich häufig verweise, ist „**The Myth of Multitasking**" von HBR. Er entmystifiziert die kognitiven Kosten, die entstehen, wenn man zu viele Dinge gleichzeitig jongliert. Die Lektüre hat mir erneut bestätigt, wie wichtig es ist, sich auf eine Aufgabe nach der anderen zu konzentrieren, etwas, das ich in den früheren Kapiteln dieses Buches untersucht habe.

Studien, die uns in der Wissenschaft verankern

Für diejenigen, die gerne in die Daten eintauchen, kann es unglaublich aufschlussreich sein, Studien über Konzentration und Produktivität zu erforschen. So hat beispielsweise die Forschung von Dr. Roy Baumeister über die **Entscheidungsermüdung** meine Herangehensweise an den Morgen revolutioniert. Seine Studien zeigen, wie unsere Fähigkeit, Entscheidungen zu treffen, im Laufe des Tages nachlässt, weshalb es so wichtig ist, morgendliche Routinen zu etablieren.

In ähnlicher Weise passt die Arbeit von Dr. BJ Fogg an der Stanford University über winzige Gewohnheiten wunderbar zu den Prinzipien in diesem Buch. Seine Forschung zeigt, dass kleine, beständige Veränderungen – wie das Reinigen eines Zahns mit Zahnseide oder das Ausführen einer Liegestütze – als Tor zu größeren Verhaltensänderungen dienen können.

Tools und Apps, die einen Unterschied machen

Technologie kann eine Ablenkung sein, aber sie kann auch ein mächtiger Verbündeter sein, wenn sie bewusst eingesetzt wird. Eine App, die meine Produktivität verändert hat, ist **Notion**, ein vielseitiges Tool, mit dem ich alles organisiere, von meinen täglichen To-dos bis hin zu den Gliederungen dieses Buches. Es hat mir geholfen, eine digitale Umgebung zu schaffen, die meine Konzentration fördert, anstatt sie zu behindern.

Ein weiterer Favorit ist **Forest**, eine App, die Konzentration spielerisch fördert, indem sie virtuelle Bäume wachsen lässt, wenn Sie Ihr Telefon nicht benutzen. Sie ist einfach, effektiv und seltsam befriedigend – besonders wenn die Ablenkungen überwältigend sind.

Für das Tagebuch schwöre ich auf **Day One**, eine wunderschön gestaltete App, die es einfach macht, über seine Fortschritte nachzudenken. Wenn ich nur ein paar Sätze über meinen Tag aufschreibe, kann ich verfolgen, was funktioniert und was angepasst werden muss – eine Praxis, die ich im Kapitel über Überprüfung und Reflexion besprochen habe.

Wo soll ich anfangen?

Sie fragen sich vielleicht, wo Sie bei all diesen Ressourcen anfangen sollen. Mein Rat ist, sich von seiner Neugier leiten zu lassen. Möchten Sie die Wissenschaft hinter Gewohnheiten verstehen? Nehmen Sie „Atomic Habits" zur Hand oder suchen Sie nach BJ Foggs Arbeit. Möchten Sie heute mit praktischen Tools beginnen? Laden Sie Notion oder Forest herunter. Der Schlüssel ist, sich nicht zu überfordern, sondern ein oder zwei Ressourcen auszuwählen, die Ihnen zusagen.

Gemeinschaft teilen und aufbauen

Teilen und eine Gemeinschaft aufbauen: Ihr Unterstützungssystem auf dieser Reise

Wenn Sie tiefer einsteigen möchten, sollten Sie in Erwägung ziehen, einen Buchclub oder eine Diskussionsgruppe zum Thema Fokus und Produktivität zu gründen. Es ist eine wunderbare Möglichkeit, Verantwortung zu übernehmen und gleichzeitig andere zu inspirieren, sich Ihnen auf dieser Reise anzuschließen.

Eine persönliche Anmerkung

Ich hätte nicht gedacht, wie viel ich beim Schreiben dieses Buches lernen würde. Jedes Kapitel zwang mich dazu, meine Gewohnheiten, meine Probleme mit der Konzentration und die Strategien, die mir geholfen haben, zu wachsen, zu hinterfragen. Die Ressourcen, die ich hier geteilt habe, sind nicht nur Empfehlungen – sie sind Begleiter, die mich auf meiner Reise unterstützen. Sie haben mir geholfen, Momente des Zweifels zu meistern, kleine Siege zu feiern und mich zu verbessern.

Wenn Sie neue Bücher, Tools oder Studien entdecken, die Ihnen auf Ihrem Weg geholfen haben, würde ich mich freuen, davon zu hören. Schließlich ist Lernen ein gemeinschaftlicher Prozess, und wir sitzen alle im selben Boot. Teilen Sie Ihre Erkenntnisse und Erfahrungen mit der Gemeinschaft, und lassen Sie uns gemeinsam weiter lernen und wachsen.

Denken Sie bei Ihren weiteren Schritten daran, dass die Reise zu Fokus und Produktivität nie wirklich abgeschlossen ist. Es wird immer neue Herausforderungen, Erkenntnisse und Möglichkeiten zum Wachstum geben. Aber mit den richtigen Ressourcen und der Bereitschaft, ständig dazuzulernen, sind Sie gut gerüstet, um mit allem fertig zu werden, was auf Sie zukommt.

Vielen Dank, dass ich Teil Ihrer Reise sein durfte. Lassen Sie uns weiter lernen, wachsen und uns gegenseitig inspirieren, um ein Leben mit Fokus, Sinn und Freude zu führen.

Kurzanleitung: Ihre 10-Minuten-Übungen auf einen Blick

Als ich mich dem Abschluss dieses Buches näherte, dachte ich über das übergreifende Thema nach: Einfachheit. Der Reiz einer 10-minütigen Gewohnheit liegt in ihrer Unkompliziertheit. Ganz gleich, ob Sie in Eile sind, sich nach einem langen Tag entspannen oder sich an einem hektischen Nachmittag einen Moment der Ruhe gönnen möchten – diese Übungen sind so konzipiert, dass sie sich nahtlos in Ihr Leben integrieren lassen, ohne Ihren Stress zu erhöhen.

Ich habe die Essenz des Buches in diesem Abschnitt zu einem schnellen Nachschlagewerk zusammengefasst. Es ist ein Begleiter für jene Momente, in denen Sie eine sanfte Erinnerung daran brauchen, was innerhalb von 10 Minuten möglich ist. Noch wichtiger ist, dass es anerkennt, wie sich das Leben entfaltet – zu Hause, bei der Arbeit oder auf Reisen.

Eine Momentaufnahme der Praktiken

Jede Gewohnheit, die ich in diesen Leitfaden aufgenommen habe, wurde aufgrund ihrer Fähigkeit ausgewählt, eine sinnvolle Veränderung zu bewirken, ohne dass eine Überarbeitung Ihrer Routine erforderlich ist. Wenn Sie Ihren Morgen beispielsweise mit einer achtsamen Atemübung beginnen, können Sie Ihren mentalen Fokus neu ausrichten, bevor die Anforderungen des Tages einsetzen. An hektischen Morgen habe ich festgestellt, dass mir schon zwei Minuten bewusstes Atmen dabei helfen, meine Aufgaben anzugehen.

Ebenso ist das reflektierende Tagebuchschreiben am Ende des Tages zu einem meiner liebsten Rituale geworden. Es hat etwas zutiefst Erdendes, sich einen Moment Zeit zu nehmen, um zu erkennen, was gut gelaufen ist, was besser hätte laufen können und was der morgige Tag bringen könnte. Diese Gewohnheit ist ein Rettungsanker, wenn sich das Leben überwältigend anfühlt, und erinnert mich an meine Fortschritte und mein Potenzial.

Bei der Arbeit haben kurze Gehpausen eine transformative Wirkung gehabt. Ich erinnere mich an einen besonders chaotischen Projektabschluss, bei dem ein kurzer Spaziergang meinen Kopf frei machte und eine Lösung brachte, die mir beim starren auf den Computerbildschirm nicht eingefallen war. Bewegung ist, wie ich gelernt habe, ein Katalysator für Kreativität und Konzentration.

Praktiken an verschiedene Szenarien anpassen

Eine der häufigsten Fragen, die ich gestellt bekomme, lautet: „Wie passe ich diese Gewohnheiten an, wenn meine Routine unvorhersehbar ist?" Das ist eine berechtigte Frage. Das Leben folgt nicht immer einem festen Zeitplan, daher ist Flexibilität das Herzstück jeder 10-Minuten-Gewohnheit.

Wenn ich zu Hause bin, wird die Umgebung selbst zu einem Verbündeten. Ein aufgeräumter Raum fördert die Achtsamkeit und ein bestimmter Ort zum Tagebuchschreiben oder Dehnen verstärkt diese Gewohnheiten. Ich habe zum Beispiel in meinem Wohnzimmer eine kleine Ecke mit einem bequemen Stuhl und einem Notizbuch für reflektierendes Schreiben eingerichtet. Es ist ein visueller Hinweis, der mich daran erinnert, innezuhalten und nachzudenken.

Bei der Arbeit ändert sich die Dynamik jedoch. Unterbrechungen sind unvermeidlich, und es kann sich unmöglich anfühlen, zehn Minuten ohne Unterbrechung zu finden. An solchen Tagen habe ich gelernt, Gewohnheiten in den Rhythmus des Arbeitsplatzes zu integrieren. Eine kurze Dehnung zwischen den Besprechungen, ein achtsamer Schluck Wasser beim Lesen von E-Mails oder das Notieren eines einzigen Satzes über meinen Tagesfokus sind alles Möglichkeiten, um den Schwung beizubehalten. Wenn Sie beispielsweise an einer Besprechung teilnehmen, können Sie sich darin üben, aufmerksam zuzuhören, oder in einer Pause einen kurzen Spaziergang machen, um den Kopf frei zu bekommen. Der Schlüssel liegt darin, Momente im Tagesablauf zu finden, in die Sie diese Praktiken einbauen können.

Reisen bringt Herausforderungen mit sich, aber sie bieten auch die Möglichkeit, kreativ zu werden. Ich erinnere mich lebhaft an eine Zugfahrt, bei der ich den Rhythmus der Gleise als Metronom für Atemübungen nutzte. Auch Flughäfen sind zu einem unerwarteten Zufluchtsort für Reflexionen geworden. Die Pause zwischen den Zielen hat etwas an sich, das zum Tagebuchschreiben oder zur Achtsamkeit einlädt.

Tipps für den Erfolg

Wenn ich eines gelernt habe, dann, dass die Absicht die Grundlage jeder Gewohnheit ist. Es geht nicht darum, etwas perfekt zu machen, sondern darum, konsequent zu sein. An Tagen, an denen meine Energie niedrig ist, erinnere ich mich daran, dass selbst die kleinste Handlung besser ist als gar keine. Ein einziger tiefer Atemzug kann einen Neustart bedeuten. Ein einziger Satz in meinem Tagebuch kann von Bedeutung sein.

Flexibilität ist ebenso wichtig. Manchmal musste ich eine Übung an den Moment anpassen – z. B. eine sitzende Meditation durch einen achtsamen Spaziergang ersetzen oder eine 10-minütige Lesesitzung durch einen kurzen Blick auf einen Artikel, der zu meinem Schwerpunkt passt. Das Ziel ist nicht Starrheit, sondern Belastbarkeit.

Eine weitere Erkenntnis, die ich verinnerlicht habe, ist der Wert visueller Hinweise. Ich halte meine Yogamatte zu Hause sichtbar, um mich daran zu erinnern, mich zu dehnen. Auf meinem Schreibtisch dient ein kleines Notizbuch als Erinnerung für das Dankbarkeitstagebuch. Diese Hinweise reduzieren die Reibung bei der Entscheidungsfindung und erleichtern es, sich in eine Gewohnheit zu vertiefen, ohne zu viel darüber nachzudenken.

Zu guter Letzt möchte ich Sie ermutigen, Ihre Bemühungen zu feiern. Allzu oft tun wir kleine Erfolge als unbedeutend ab, aber sie sind die Bausteine für dauerhafte Veränderungen. Ob es darum geht, die Freude über eine abgeschlossene kurze Meditation anzuerkennen oder die Wirkung einer achtsamen Pause in einem stressigen Moment zu spüren – diese Siege verdienen Anerkennung.

Eine persönliche Einladung

Dieser Leitfaden ist nicht nur eine Zusammenfassung, sondern eine Einladung zum Experimentieren und zur Übernahme von Kontrolle. Probieren Sie diese Praktiken in verschiedenen Szenarien aus und beobachten Sie, wie sie Ihren Tag beeinflussen. Überlegen Sie, was für Sie am besten funktioniert, und passen Sie es bei Bedarf an. Das Schöne an diesen Gewohnheiten ist ihre Anpassungsfähigkeit – Sie sind nicht durch Regeln eingeschränkt, sondern durch Möglichkeiten gestärkt.

Wenn Sie sich von einer bestimmten Gewohnheit inspiriert fühlen, teilen Sie sie mit jemandem. Ich weiß nicht mehr, wie oft ein einfaches Gespräch über Gewohnheiten neue Ideen ausgelöst oder mein Verständnis vertieft hat. Viele der Erkenntnisse in diesem Buch stammen aus solchen Gesprächen. Sie sind auf dieser Reise nicht allein.

Und wenn Sie eine Variante einer Gewohnheit entdecken, die Sie tief berührt, lassen Sie sie sich entwickeln. Die hier vorgestellten Gewohnheiten sind eine Grundlage, aber

Ihre Reise ist einzigartig. Nutzen Sie die Kreativität, die mit der Personalisierung Ihrer Praktiken einhergeht.

Vorwärts

Wenn Sie diese 10-Minuten-Gewohnheiten in Ihr Leben integrieren, denken Sie daran, dass Fortschritt eine Reise ist, kein Ziel. Es wird Tage geben, an denen Sie eine Gewohnheit auslassen oder sich unmotiviert fühlen, und das ist in Ordnung. Wichtig ist, dass Sie mit Freundlichkeit und Neugier zu den Übungen zurückkehren. Wenn Sie Schwierigkeiten haben, eine Gewohnheit beizubehalten, versuchen Sie, die Hindernisse zu identifizieren und Lösungen zu finden. Wenn Sie beispielsweise Schwierigkeiten haben, Zeit für eine morgendliche Meditation zu finden, können Sie versuchen, 10 Minuten früher aufzustehen oder in der Mittagspause zu meditieren. Der Schlüssel liegt darin, flexibel und beharrlich nach Wegen zu suchen, diese Praktiken in Ihr Leben zu integrieren.

Das Leben ist dynamisch, und das gilt auch für unsere Bedürfnisse. Eine Gewohnheit, die Ihnen heute dient, muss morgen möglicherweise angepasst werden. Dieser Leitfaden erinnert Sie daran, dass Flexibilität und Beharrlichkeit Hand in Hand gehen. Nutzen Sie ihn als Hilfsmittel, um die Höhen und Tiefen Ihrer Reise zu meistern, und vertrauen Sie darauf, dass kleine, aber konsequent wiederholte Handlungen tiefgreifende Veränderungen bewirken. Um Ihre Fortschritte zu verfolgen, können Sie ein Tagebuch über Ihre Erfahrungen mit den Gewohnheiten führen und alle Veränderungen Ihrer Stimmung, Ihres Energieniveaus oder Ihrer Produktivität notieren. Denken Sie regelmäßig über diese Beobachtungen nach, um zu sehen, wie sich die Gewohnheiten auf Ihr Leben auswirken, und nehmen Sie bei Bedarf Anpassungen vor.

Vielen Dank, dass ich Sie auf Ihrem Weg begleiten durfte. Ich hoffe, dass diese Praktiken Ihnen Klarheit, Konzentration und Freude bringen, unabhängig davon, wo Sie sich befinden oder welche Herausforderungen Sie meistern müssen. Lassen Sie uns weiter wachsen, einen achtsamen Moment nach dem anderen.

www.ingramcontent.com/pod-product-compliance
Lightning Source LLC
Chambersburg PA
CBHW071408220526
45469CB00004B/1203